business | 企业管理

bus

湖北 JW10 店是真维斯华中区第一间旗舰店，也是真维斯全国最具规模的店铺之一。该旗舰店营业面积超过 1000 平方米，分为上下三层，以宽敞舒适的购物环境、紧贴潮流的时尚单品和细致周到的店前服务迎接四方来客。

旭日集团中国总部位于广东省惠州市，是一栋高 15 层的现代化办公楼宇。千余名职员在此工作，在产品设计、形象推广、销售培训等方面为企业服务。

凭借卓越的企业优势，1996 年，旭日集团将旗下的成衣业务以“旭日企业”在香港联合交易所上市，并创造了空前的认购纪录。图中右四为旭日集团董事长杨钊先生，右五为旭日集团副董事长兼总经理杨勋先生。

真维斯江苏 JZ02 店位于苏州观前街，采用简约时尚的装修风格为顾客们营造轻松休闲的购物氛围！

真维斯特别邀请日本著名设计师迫庆一郎操刀，设计六代店铺室内风格。真维斯六代装修风格不仅充分体现了真维斯品牌年轻、时尚、活力、自由的品牌概念，还通过对空间关系、光线、色彩的独特解构，完美地呈现出简约至极的店铺风格。明快的装修格调与潮流动感的服饰陈列形成鲜明对比，给人以强烈的视觉冲击。

每季，真维斯都会针对时下的潮流重点为即将推出市场的产品进行风格定位，明确推广主题，并邀请模特儿进行海报拍摄，为消费者呈现独具休闲气息的服饰印象。

2009~2010 年，真维斯两度与李宇春合作，推出“Why Me”系列服饰，以娱乐跨界营销的方式拉近品牌与消费者的距离，受到市场的一致肯定。

2010 年，真维斯邀请原创歌手陈楚生担任第 19 届中国真维斯杯休闲装设计大赛推广大使，跨界合作的推广模式开创了此类比赛的先河。同时真维斯与陈楚生还共同推出了以“倡导低碳生活态度，呼吁大众环保意识”为主题的真维斯绿动环保 T 恤，为推广低碳生活概念出一份力。

2011 年恰逢第 20 届中国真维斯杯休闲装设计大赛举办，借此契机，真维斯特邀请 11 位当红的设计达人进行跨界合作，推出 20 款印花 T 恤，体现“20·11”的概念，给人充满活力，健康上进，勇于追求梦想的心灵感召。

真维斯在董事长杨勋的带领下，与时俱进、锐意拼搏，缔造了辉煌的品牌传奇。

自 2004 年真维斯国际（香港）有限公司董事长杨勋展开了个人的首次演讲后，时至今日，杨勋已走进清华大学、北京大学、复旦大学、浙江大学、武汉大学、中国人民大学、中山大学、西安交通大学、山东大学、湖南大学等全国 56 所重点院校进行了 62 场演讲，与莘莘学子分享他的人生经历及真维斯休闲帝国背后的故事。

2011年3月28日，由中国服装协会主办的“第七届中国服装品牌年度大奖颁奖典礼”在北京盛大举行。真维斯品牌凭借广泛的市场知名度、优秀的品牌文化，荣获“第七届中国服装品牌成就大奖”，充分展示了真维斯的品牌实力。

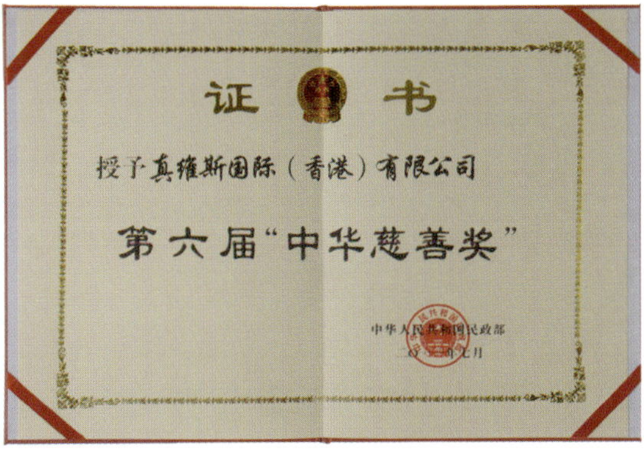
证 书

授予真维斯国际（香港）有限公司

第六届“中华慈善奖”

中华人民共和国民政部

中华慈善奖于2005年由国家民政部设立，是我国慈善领域最高政府奖，每年评选一次，旨在褒扬于公益慈善领域作出突出贡献的企业、项目及个人。截至目前，真维斯已经连续三年捧获此奖，是政府与大众对真维斯慈善义举的肯定。

自 2007 年起，真维斯连续多年冠名《娱乐大典》，将品牌特质与娱乐精神相结合，借助光线传媒的平台优势，用娱乐的力量，传递更多的美好和善良。

“中国真维斯杯休闲装设计大赛”由中国服装设计师协会、中国服装协会、真维斯国际（香港）有限公司联合主办，自 1993 年开赛以来，已连续成功举办 20 届，在全国乃至国际上树立了良好的口碑、赢得了美誉，是服装业界、各大院校师生及社会人士竞相推崇的一项赛事，已成为国内同类比赛中最受关注及最具号召力的服装设计比赛。

真维斯店铺服务全面到位，店员具有良好的精神面貌及业务素质，积极为顾客提供优质服务。真维斯产品售后服务及时，且灵活性强。产品售出后 7 天内顾客可在真维斯全国店铺进行换货；并设全国服务热线，顾客提出的咨询客服人员必须在 3 日内进行回复。

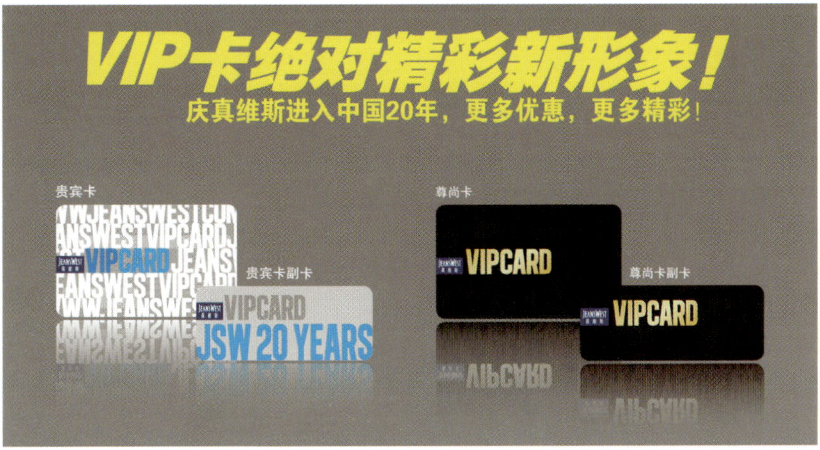

多年来，真维斯一直坚持以“真维斯 VIP 会员计划”来回馈顾客，让顾客真正享受到“物超所值”的服务。除大型回馈活动外，真维斯每年还为 VIP 会员推出 2 次购物黄金周优惠活动；每月以惊喜折扣为 VIP 会员庆祝生日；定期为 VIP 会员推出 VIP 卡会员制度、发放短信和电邮宣传、品牌互惠合作推广等特别优惠……目前真维斯 VIP 会员已经超过 200 万名。

200 万 VIP 会员同庆！真维斯为此举行了盛大的系列回馈活动。大进投资有限公司总经理张慧仪（左二）、真维斯国际（香港）有限公司董事兼总经理萧志昌（左三）、真维斯国际（香港）有限公司董事兼副总经理刘伟文（左四）与大进投资有限公司董事兼副总经理李仲安（左一）共同为活动抽出幸运会员。

近年，电子商务异军突起，真维斯亦果断试水成立真维斯网上商城。在 2011 年“淘宝双 11” 活动中，真维斯以单日销售逾 2800 万元位列休闲服销售之冠，并利用完善的线下物流配送系统，于三日内完成所有货物的发送工作。

“淘宝双 11” 活动中，真维斯全体员工全力以赴，从口岸副总到后勤员工全部参与到网上商城的订单发货工作中。

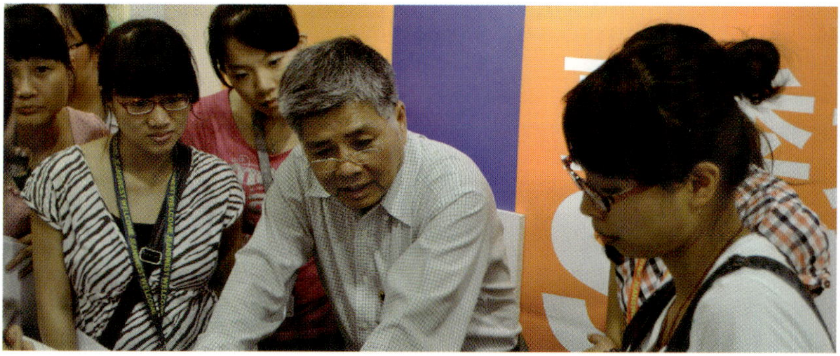

平易近人的杨勋经常到口岸一线慰问员工并与他们交流工作心得。

董事长杨勋很少有个人的闲暇时间，他总是利用周末或其他假日前往口岸分公司视察业务、指导工作。

2010 年 8 月 13 日，口岸员工至真维斯惠州总部参加“零售报表运用竞赛”决赛。

真维斯在员工培训方面常抓不懈，不定期开展各类竞赛活动帮助员工提高本职业务能力。

真维斯非常注重企业文化建设和员工素质培养，通过开设讲座、开展征文竞赛等方式自上而下地进行企业文化导入，凝聚员工士气。

旭日集团已连续多年开展“家庭同乐运动会”活动。公司领导、职员及家属在这里欢聚一堂，共同感受旭日和谐的企业氛围。

公司每年都会举行多样的集体活动，丰富员工生活。

真维斯 2012 新春文艺晚会

2008 年，真维斯首次与光线传媒合作，联手打造“大爱中华行——真维斯·真的，更精彩慈善歌会”，开启了由明星亲自召集，以自身影响力号召年轻人积极投身慈善的大型综艺音乐活动的先河。活动中真维斯将明星签名的爱心 T 恤进行义卖，所得款项全部用于支持慈善事业。

2009 年 6 月 7 日，第二季“真维斯·真的，更精彩慈善歌会”终点站——武汉站，中国青少年发展基金会常务副理事长顾晓今女士向真维斯国际（香港）有限公司董事长杨勋先生颁发捐赠证书。

2005 年 7 月，真维斯斥资 900 万元设立了“真维斯大学生助学基金”。“真维斯大学生助学基金”是为资助品学兼优、家庭困难的在校大学生所设的专项基金，在北京、上海、山东、辽宁等 16 个省（市）的 28 所高校发放。2007 年、2011 年，真维斯又两度捐资共 1 800 万元，将“真维斯大学生助学基金”总额度增至 2 700 万元。

自 2005 年“真维斯大学生助学基金”设立以来，逾万人次受惠于此。

真维斯自1998年至2009年累计向希望工程捐款700多万元，在中国的四川、甘肃、湖南、江西等29个省、区捐建真维斯希望小学36所。真维斯希望小学的建立，改善了我国贫困地区数万名孩子的学习环境。

2011年3月，真维斯向中国青年创业就业基金会捐款1000万元，用于支持开展青年创业就业工作。此外，在捐资千万的基础上，真维斯与中国青年创业就业基金会还共同合作开展“中国大学生创业真维斯实践基地”项目，为同学们日后就业奠定良好的基础。

服装最品牌

JEANSWEST

绝对民牌

JEANSWEST 眞維斯 品牌20年

吴比◎著

中信出版社
北京

图书在版编目（CIP）数据

绝对民牌：真维斯品牌20年/吴比著.—北京：中信出版社，2012.3

ISBN 978-7-5086-3249-0

I. 绝… II. 吴… III. 服装工业－工业企业管理－研究－中国 IV. F426.86

中国版本图书馆CIP数据核字（2012）第034428号

绝对民牌——真维斯品牌20年

JUEDUI MINPAI

著　　者：吴　比

策划推广：中信出版社（China CITIC Press）　蓝狮子财经出版中心

出版发行：中信出版集团股份有限公司（北京市朝阳区惠新东街甲4号富盛大厦2座　邮编　100029）

（CITIC Publishing Group）

承 印 者：北京通州皇家印刷厂

开　　本：880mm × 1230mm　1/32　　**插　　页**：24

印　　张：8　　**字　　数**：155千字

版　　次：2012年3月第1版　　**印　　次**：2012年3月第1次印刷

广告经营许可证：京朝工商广字第8087号

书　　号：ISBN 978-7-5086-3249-0 / F · 2577

定　　价：35.00元

网　　站：http://www.publish.citic.com　　服务热线：010-84849555

投稿邮箱：author@citicpub.com　　服务传真：010-84849000

目录

JEANSWEST

第七章　真维斯拿什么给行业?

第八章　真维斯拿什么给社会?

前言

JEANSWEST

猜不透的老板，看不懂的公司

> 像野草一样被脚步踩了又踩，被车轮碾了又碾，可是仍然生机勃勃地成长起来了。
>
> ——余华《兄弟》

这个中国故事的开局并不像日后发展的那样荡气回肠，也毫无世人臆想的种种传奇色彩，只是故事的主角出于改变命运的本能，在与之抗争的过程中充满悲怆苍凉的意味。

1972 年，内地围城之内，愁肠坐困；围城之外，则是另一番欣荣景象。这时，不满 20 岁的知青杨勋，走向了一个重要的人生转折点——奔往隔岸的香港。

对于年轻的杨勋而言，他大概未曾知晓，此去并不经年，天地便改头换面。而他身在香港的兄长杨钊，将与其一道，穿过沧海桑田，感受物是人非。

电影《窃听风云 2》中的一句台词给我留下的印象极深，“我的命，我自己操盘”。

这或许是距现实最近的隐喻。可惜，在杨氏兄弟所处的那个收盘、复盘的年代，大部分普通人都只是环环相扣链条中的“被操盘者”。自己操盘的结果，要么出局，要么“玉碎”，能破解谜题并最终升腾者，终是少数，以至于多年后重提故事，竟恍若前生。

一

抵达香港，在兄长杨钊的接应下，杨勋暂时找到了落脚点，首次目睹了这个多样的世界。

浮生若梦，光环绚烂的香港，杨氏兄弟二人的未来如何演变，无人预料。彼时，他们尚可把握的东西，似乎只有诸如“天道酬勤”之类的古老戒律。除此，他们一无所有。

其时的港岛，刚刚通了第一条海底隧道与九龙连接，产业勃兴，一派生机盎然。然而外表浮华难掩普通工人的困窘，何况杨勋这样无依无靠的“外乡人”。

最初，杨勋和 15 位贫苦却乐观的制衣工人同住在一间不足 40 平方米的屋子里。白天、前半夜，他是一名辛劳的熨衣工，辗转于三家制衣厂；夜色黢黑，方可回到蜗居，沉沉睡去。几近牢笼的日子，显然未让他摆脱生活的窘境，反如堕入另一种囚禁——人生第一层境界正在于此，为了生存，不得不拼命操劳。

光阴似水，再两年，年轻的杨勋成为技艺不俗的制衣工人。和当年众多外来客抱着同样的探险心，他一直在试图破解生活的真相。世易时移，多数人的个性与雄心都被艰苦磨平，变得浑浑噩噩，可杨勋却按照自己的节奏揭开了新的生活。

这是1974年，杨勋逐渐摆脱困顿，若用积蓄买房娶妻，正常不过，接下去只要顺其自然，一生倒也无忧。令人意外的是，杨氏兄弟盘下一家小小的制衣厂，继续将辛劳作为生活的主调。若非不知疲倦，则只能解释为以苦为乐，就算杨钊、杨勋自己恐怕也说不清，“为何将工作当成了所有”。

这家取名“旭日”的制衣厂，从大企业手中接生产订单，只做代工，虽有技术，但无“前途”。偏偏又逢危机，时值欧美经济委靡，订单萎缩。

杨氏兄弟本想大展拳脚，不料陷入无单可做的窘境。然而，天不绝人，有笔订单——200打格子牛仔裤，一种当时在美国大为流行的牛仔裤，工序繁多、工艺复杂，很难大规模生产——多家香港制衣厂皆因利润稀薄，不愿接手。但是，求生心切的杨氏兄弟放下顾虑，以每打299港元的价格接下。事后回看，这批格子布料牛仔裤成了旭日的救命稻草。

“悲伤令人格外敏锐”，杨钊、杨勋二人日夜钻研，意外却又意料中地发明了一种给牛仔裤面料打格子的模具，将格子牛仔裤的制作工序化繁成简。一年结束，旭日完成10万打订单，起死回生；两年后，旭日集团成立。这时的两人，分明触摸到曾经苦寻不及的人生“真相”：生存的要求就是让人几近绝望，却依然倔强地散发出努力活下去的本能与智慧。

1977年，香港成衣业出口重新抬头，“香港裤王”旭日有了迅速成长的契机。常理之下，拥有“独家工艺”的旭日必然加大产量，提高价格，狠赚一笔。让人不解的是，杨氏兄弟竟然逆水而行：降低价格，薄利经营。与此相应，众多制衣厂移师欧美，试图近水楼台；旭日则不近繁华，转战简陋之地东南亚。种种猜不透的“反常”之举，旭日在创业初期表现出的冷静，结果是令其避免了寻常企业遭遇的大起大落、朝生暮死的大败局。

二

过眼浮华与彻骨冰寒，皆非所愿，适时顺势，方万物皆然。

或许，杨氏兄弟真的一如既往地追寻“围墙后的东西”。由此，他们开启了第二层境界：创业至此已无生存羁绊，工厂生意安稳，赢利无忧。可是激进之中极力克制，转危为安之后按部就班，岂不是“小富即安”？如此故事，有何“猜不透”、“看不懂”的新奇之处？

不久后，他们又做了一件如同6年前闯荡香港一般的“大事”，不过这次是正大光明的，他们回到了内地。1978年春天，广东顺德容奇镇，一座工厂引发当地百姓风传，这是改革开放后第一家来到内地投资建厂的香港企业，即旭日在内地的第一座成衣制造厂。

6 年前，杨氏兄弟离开内地的时候，风声呼啸，如今重归故里，百废待兴。由于国内长久缺失商业活动的经验，旭日将自己在东南亚设立工厂的模式总结成册，提交政府。国内首尝“补偿贸易、来料加工”的模式得到批准，旭日开始在内地四处走访。

内地许多凋敝工厂在杨氏兄弟与当地政府会面后，屡屡成为“被一家香港企业订单救活”的案例。两年间，旭日在内地成功整合 200 多家工厂。而旭日在香港则专注对外贸易，“工贸模式”初见成效。保守与冒进，冷静与热烈，感性与理性，此时此刻找到了最佳平衡点。

1978 年之后，商业浪潮在内地渐次兴起，到 1992 年已成气候。这期间，起步于小作坊的“中国制造”不断努力尝试从低端层面中挣扎而出。品牌、公司制、企业文化、上市……人们习惯性地停顿、观察、判断后，上述词汇渐成商业热点。

耐人寻味的是，相似的生长背景，还是出现了商业格局的分野。旭日在制衣道路上日渐精进，被Lee、李维斯（Levi’s）等国际品牌选为代工厂，一切延续着“中国制造”的传统路数。不同在于，旭日最终还是不安于此道，上演了一出反客为主的逆转大戏，把昔日代工的澳大利亚服装连锁品牌Jeanswest收入囊中，拥有了自己的零售品牌——真维斯。1978 年、1992 年前后两个时间点，旭日先在惠州立足，进而筹备引入真维斯，终以新身份完成精彩回归。

三

从上游到下游，杨勋眼里的世界又变了。

曾经，旭日的前途取决于客户的订单，现在，企业的未来将取决于市场的广度。从创业、守业到人生，他始终如同不知疲倦的旅行者，找寻围墙外的秘密。

当围墙不再，他要找的，还剩些什么？

真维斯在内地快马扬鞭，扮演品格高贵的奢侈品牌；而后市场忽然受阻，消费者匆匆而过，企业经营落寞；最终重新定位，希望做一个“物超所值”，令人愉悦、有内在性格、能持续发展的品牌……外围竞争捉对厮杀，品牌大战鼓钵喧嚣，广告活动江流奔涌，杨勋就像回到了多年前在香港遭遇的境况——选择兵戎相见，还是自得其所？

杨勋说：“一些大品牌，比如阿玛尼的成功是因为艺术家将灵魂融入作品。灵魂最清静的时候，也是最实在的时候。”从此，“实在”成为真维斯的性格，融入血液。20年来，真维斯的发展充满各种看似矛盾的章节，令人百思不解，旁人猜不透，也看不懂。可世事如云，风马牛不相及之间，实则千头万绪，殊途同归。但总体而言，这是一家远算不上聪明的“笨公司”：

行业高潮迭起，后来者采用“轻资产”模式奋起直追，加盟店疯狂扩张。真维斯却异常淡定地精耕细作，不求快速增长，只求稳步发展，每年计划15%~25%的增长率，中规中矩。

商业上的取巧毋庸赘言，取“洋名字”成为新生品牌撬动市场的支点。真维斯不仅从未刻意宣传“Jeanswest”的澳大利亚来历，反而坚持认定自己是“一家本土品牌”。

品牌苛求品质，要“名牌大众化”，但企业低调、谦逊，从不找明星代言。设计师每年飞往世界各地考察服装版型和流行趋势的频率高得吓人，无时不在经营着“时尚的必需品”。

职员加班不被提倡，代工厂会得到尊重，加盟商则享受真维斯经营心得的倾囊相授。不遗余力推动与高校互动，行业服装设计大赛20年不曾中断。

……

诸如以上种种，许多“不一样”暗自发生。多年过去，一些人才翻然醒悟藏匿于“意外”背后的必然——所有转变其实因果承接，某种合乎情理的因素潜移默化，即便环境起伏变迁。

站在大的历史背景之下，单一个体的企业行为愈发反衬出时代的垂青。

回到文章开头，杨氏兄弟起家的故事对应了“孤胆英雄”所赋予的一切元素：身无分文的两位青年，分别孤身一人来到一座完全冰冷且市侩的城市。他们凭借顽强努力，依托求生欲望，在最短的时间里，从胡打乱撞的混乱中脱颖而出，扬名立万。当然，扬名的过程曲折而艰辛。开端苦楚不顺，随后峰回路转，直至成为长达20年的代工之王，心酸与欣喜，非参与者不能体知。

长久的苦难修炼，杨氏兄弟悟出：代工厂拿到订单，活下去是硬道理，而存活的实质无外乎持续提供有品质保障和价格竞争力的代工产品。同时，制造业生产能力增长，受限厂房、人员、设备、资金等元素规模匹配扩大，“哪怕想追求高增长”，也必须循序渐进。因此，生产与零售原本分处江河两端，但经历过一段艰辛的创业过程，真维斯品牌思维注定不同于其他声名鹊起的同行——质优、价廉、恒定增长，曾经的这些旭日拿单必备因素，顺势被移植到真维斯品牌发展中，作为根基，往复轮回。

从前的回忆，总会成为后来的参照；其后的演绎，则开始于此间光阴。无论旭日，还是真维斯，无不是一个有关时间的故事。这故事将人分成了痛苦、冒险、平和、快乐等几个阶段，却隐藏了各阶段的排列次序。于是，每个人的生命，看似相同，又呈现出各自的模样。

杨氏兄弟用了40年，写出了半生故事。假设说他们由此知晓了各阶段的时间顺序，或只得其表，亦付之阙如。最合适的说法大概在于：成败与朝暮，隐忧与释然，安静与喧哗，都是内心超脱、顺之自然。

念及此，即便屡有惊人之举，即便观者困惑难解，至少在杨钊、杨勋与真维斯本身的视野中，他们知晓半生遭逢所为何来，而他们创业时的理想是做一个基业长青的企业。

如今，理想如故。这份参悟、大气与清醒，只有事后看来，才为真知。

JEANSWEST

第一章

20年的点点滴滴

没人能预知未来，就像今天的很多企业一样，作出选择时生死未卜。但有一点毋庸置疑，“时机对了，要把握”，这一点又和今天的许多企业不同。毕竟，在充满希望和活力的时代，一切都可能遽生遽灭，也可能天壤云泥，若再辅以真诚与坚守，或将修炼成伟大的品牌。

前途未明，这是一个发生在“春天”里的故事。

南人北来

1990年，澳大利亚服装界发生了一件大事：本地连锁零售品牌Jeanswest被来自香港的旭日集团收购（与澳大利亚进口商合作）。表面看来，商业世界有买有卖，无甚出奇，但考虑到旭日原只是一家供货商，又来自中国，则另当别论。

往事纷涌，世界小得就如同一条街的布景。真维斯进入中国，也许只是一则寓言的初篇，如同所有饱经风霜的中国企业一样，来路泥泞不堪，命途又常间隔地随时局起落颠簸。无数偶然事件犬牙交错，其间充斥着徘徊和彷徨、低回与落寞、伤痛与挣扎、沉沦与崛起。曾经似水流年，光影切换，当细枝末节落定尘埃，便是关于漫漫来路的所有记忆。

一瞬间，往事如烟。于是，一个迷蒙的开局，总会引来若干深有意味的回眸。

那还是1987年，香港本地，车水马龙，邵氏影业①独步天下，武侠片营造出一片充满诗意的江湖。香港的商业世界无疑也是这样的江湖，有喜有忧，各路人马尽显神通。

数年前，现任旭日集团副总经理鲍仕基的一位学长从美国回港，进入旭日。这时的鲍仕基在一家开设于菲律宾的香港财务公司从事外汇、基金、财务管理工作，压力很大，正在考虑向其他方面发展。在学长引荐下，鲍仕基和杨钊、杨勋见面。他本以为，自己的财务经验是这家忙于拓展海外业务的公司最急需的。事实上，鲍仕基对东南亚各国制造业布局的熟知更为旭日集团看重。

旭日下一步策略正是南下北上——向南以东南亚为生产基地，充分利用当地资源丰富、成本低廉的区位优势；向北进入中国内地，谋求工厂之外的品牌运营。

极短时间内鲍仕基便加入旭日。一个月后，他被派往孟加拉国及东南亚，协助集团设立成衣生产基地。辗转数年，鲍仕基在澳大利亚迎来了自己人生最大的挑战——便是文中开篇的那一幕。

长期以来，中国企业在全球产业分工链条中处于低端环节，几乎沦为海外品牌代工的大本营，利润不仅稀薄，而且缺乏成长性，付出与回报严重失衡。旭日曾是其中一员。

自1974年在香港新蒲岗成立，旭日靠代工牛仔裤站稳脚跟，此后把制衣厂开到东南亚和中国内地，所产牛仔裤源源不断出口海外。最风光时，菲律宾出口到美国的裤子，每三条中就有一条产自旭日。

---

① 指由邵逸夫于1958年创办的邵氏兄弟电影公司。——编者注

制造行业，品牌价值尤为凸显。同等质量、相似款式的服装，不同品牌，售价千差万别。最低端者莫过于代工，可只要贴上一张高档名牌的标签，价格翻涨，何止数倍。所以，1990年杨钊、杨勋萌生自主品牌意识，提出“销售自己的产品是占据市场的最好办法”。杨氏兄弟便开始自导自演旭日从产业链一端到另一端的游弋，过程迂回曲折，但发人深省。

此时，恰逢澳大利亚零售商Jeanswest经营不善，陷入困境。Jeanswest在澳大利亚约有20家实体店，具备相当的品牌接受度。几番接洽，旭日联合澳大利亚进口商将其收购。

旭日起初占股40%，负责组织货源。一年过去，澳方对管理兴味索然，旭日最大程度地参与品牌改革，并逐步收购了Jeanswest的所有股权。鲍仕基全程参与其中。据他回忆，1990年旭日接手时Jeanswest卖不同品牌的服装，有李维斯、Lee，还有其他牌子。收购后，“我们决定，要做单一品牌，这样才能提高真维斯品牌价值。否则我们的店跟外面的服装店没有任何区别”。

旭日先解除与其他品牌的代理关系，所有店铺只有一个品牌——Jeanswest，并全盘推广。这样一来，无论是擅长的牛仔裤，还是旭日在内地所产其他服装品种都能找到零售的渠道。与此同时，企业还将Jeanswest定位为品牌零售店，而非连锁折扣店。

实际上，Jeanswest门店位置不差，但此前定位较低，“一个折扣店，多数时间都在打折减价，如果继续做折扣店模式，跟当地Kmart（比较低档的连锁店，类似沃尔玛）竞争，一定不能赢”。鲍仕基说，“因为他们的店铺大，摆的差不多都是低价东西。我们要重新定位，提升自己的品牌”。

一边收敛，一边开拓。结合做牛仔裤的优势，旭日尝试性地投放了一则广告，提出别具一格的口号：“the Fit，the Best（适合的就是最好的）。”真维斯一开始便从顾客感受出发，最大程度地迎合不同人群，销售的牛仔裤品质比Kmart的高，但是价格只有李维斯的一半——“因为旭日也为李维斯代工”。“物超所值”形成口碑传播让Jeanswest名气与日俱增，以至于在澳大利亚提及牛仔裤品牌，“让他们报三个的话，肯定有一个品牌是Jeanswest”。如此便突破了长久以来的低端形象。不过在当时，包括杨勋在内的旭日人对“物超所值”的理解其实还未到位，那不过是灵光一现罢了。

由于市场的滞后性，成效不会随即反映到账面。账面上看，Jeanswest业绩并未出现显著增长，相反，1991年亏损一度达500万澳元，澳方合作伙伴萌生退意，有意出让股权，旭日趁机把Jeanswest全盘买下，成为真维斯的主人。

入主Jeanswest，旭日得以更有信心地推行自己的战略构思：向东扩张。

之前为避免与东部市场另一同类连锁品牌形成恶性竞争，Jeanswest偏安于地广人稀的澳大利亚西部。现在，经过上述调整，二者竞争实际已不存在。1993年，Jeanswest总部移至墨尔本，次年便摆脱亏损，实现赢利30多万澳元。如今，整个澳大利亚Jeanswest拥有门店200余家，比最初的数量增长1倍有余，年营业额8亿多元。

收购Jeanswest，旭日打通了工贸销产业完整链条，此后游刃有余于服装零售市场。而三年时间一个品牌从小到大，从亏损到赢利，也只是杨勋品牌运作的一次预演。此刻，他已切换了视角，把目光投向了香港以北，那是一个拥有13亿人口的巨大市场。

当时还在旭日下面的一家面料厂工作的现任华东区副总经理回忆：“1992年，一次和老板一起吃饭，老板和我聊天，问我对内地的看法，鼓励我多跑跑上海、南京。现在看来，当时老板就有了进军内地做零售的想法。”

1993年1月1日，他正式调到真维斯。同时，旭日集团香港方面的设计部门、业务部门的班底筹备工作也如火如荼进行着，萧志昌①、叶健雄、香港某著名休闲服装连锁企业高管等也被吸纳进来，并在真维斯内地的开疆拓土中发挥着举重若轻的作用。

每个生命都是一颗做着布朗运动的粒子。

1992年，杨勋怀着抱负、壮志，把真维斯从澳大利亚引入中国内地。一个品牌也由此落地、生根、发芽，糅合了时代、机缘、偶然与必然，诸多元素互相咬合，点滴成河，汇聚入海。

大幕就此拉开。而单独于这年，我们称之为“南人北来”。

休闲“羊皮书”（上）

三十年为政，三十年兴商。

然而，直至1992年前后，中国人穿衣大致只有绿、红、灰、黑

① 真维斯国际（香港）有限公司董事兼总经理。

等几种有限色调，款式更加单一。经济的欢腾并未反映于服装业，后者仍然延续着单调的路径。

都说，历史不会抛弃任何人，任何人也逃不出历史。惊喜的地方在于，人们无一不在历史之中，有人十分幸运地选择了一个行业，并在其后改变了很多事情。如同一种必然的承担，也像极了因缘耦合的宿命，无论如何，天地毕竟开始全新。

因此，追寻中国休闲服装并不漫长的历史，真维斯上海 01 号店也许可以算做整个行业的一个原点——酝酿、探索、突破和变革，故事荡漾开来，漫冉为一幅荡气回肠的画卷。

多年后谈及“为什么第一家店选择上海”，华东区副总经理依然掩饰不住言语中的兴奋：“1992 年初，老板决定做零售，我跟着冯亮①跑了北京、南京好些地方，最后才到上海。我们逛南京路时，站在第一百货门前天桥上一看，吓死人了，从来没看到哪条路有那么多的人。走进第一百货，根本都不用自己走，人家都推你。真维斯第一站不用考虑，就在上海。”

同时，刘伟文②则感触到了“上海开店的优势”：“多数港资企业在内地开店首先考虑广东，离得近，广东话交流方便，管理人员不用学习普通话。但广东受香港影响很深，两地差距又大，广东人觉得香港什么都好，所以香港本地佐丹奴等品牌先入为主。如果真维斯在广东开店，势必与已奠定基础的佐丹奴、班尼路硬拼。反过来，旭日 1978 年在内地开厂，上海、山东、河北、东北省份有贸易办事处，

① 旭日集团副总经理。

② 真维斯国际（香港）有限公司董事兼副总经理。

又培养了一批老员工。与其在广东面对竞争，不如避开南方，由北往南慢慢拓展。”

20世纪80年代末90年代初，包括杨勋在内的一众香港商人曾以十分积极和热烈的姿态投入于内地的经济复兴。他们预感到一块比香港要庞大上千倍的商业市场正隆隆崛起，凭借业已聚集的财富、智慧和人脉优势，自己极有可能缔造一个更加辉煌的商业神话。不过，诸多现实却意外地峰回路转，这些熟悉了自由经济的商人在当时还来不及适应转型时代的内地的商业运作。而乐观的刘伟文以及第一批开拓者们则忽略了“休闲”的概念并未普及，人们有关时尚的资讯仅仅来自电视和几本有限的杂志，对于涉及生活细节的休闲服装更相当陌生。

另一方面，“摸着石头过河”的真维斯引导潮流，传递一种消费态度，却不得不挑战刻板的购物习惯——大部分消费者购买服装百货都习惯于信任国营百货商场。冰冷的服务面孔，不直接的柜台择物方式，尽管购物体验并不好，可其他购物渠道他们似乎不会多做考虑。

确定在上海开店，作为第一批进入内地的旭日员工，冯亮受杨勋委托带着真维斯开发部门的同事进出于华联超市、上海百货等各家国营商场老总的办公室。“我记得最清楚的是在上海华联，那时见这种商场的老总很难，我们进了办公室，乱七八糟，香港来的同事根本受不了。”冯亮说。这群也算见过世面的香港人被国营商场老总乌烟瘴气的办公室惊讶得“一塌糊涂”。

这些经历多年后重提，个中滋味百转千回。内地与香港不一样的商业起步，完全迥异的财富轨迹，横亘其间的是很多真维斯香港的管理层们无法想象的商业思维和行事方式。半年一晃而过，品牌进驻商场的谈判反反复复，一波几折，总不顺畅。对此，冯亮解释："香港人对国内情况不熟悉，什么人脉、面子的东西也不了解。"

从1980年到1992年，在内地单打独斗的冯亮告诉同事："在国内开展业务、包括谈判，兵对兵、将对将，要有过关斩将的心态。你们不懂无所谓，我先来做示范。"他同时向杨勋建议："如果进不去商场，干脆直接在南京路上开家专卖店。"

冯亮的想法在当时多少有些冒险，一两百元的服装，国营商场的可信任度远大于路边私人的专卖店。胶着的形势让杨勋决定主动出击，放手一搏，他准许了冯亮的提议。

没过多久，上海南京东路上一家琴行进入了冯亮的视野——位置好，面积大小适中。然而，谈了两天，双方纠结于价格，合同始终谈不下来。深谙谈判技巧的冯亮把铺面老板约到了澳门："在上海我人生地不熟，谈判没主动权。到澳门，请对方走走、看看，表达合作善意。"

冯亮说："谈判的技巧有很多种，五花八门，旭日盘子大，不做违规的事情，但可以用真诚来感动对方——大家既是做生意，又是交朋友。至于对方想不想是他的事，但至少能够感受到我的真诚。如果对方感受不到，也不会跑到澳门来谈判。"一来二往，以交朋友的心态谈生意的冯亮终于谈妥了门面，万事俱备。

01号店的出现就像一把打开迷宫的钥匙：商业萌芽和消费观念悄然建立，穿衣风格上，人们不再单纯地认可有限几种布料和少量的颜色。手工的东西除蕴涵温情外，更表征着不时髦与节俭。而流水线上制作出来的衣物，款式新潮，做工和商标都透着工业化和城市化的色彩。恰当其时，这个来自澳大利亚的休闲服装品牌带给了这一年的中国服装业无限的遐想空间。

1993 年，上海南京东路，一家服装店的蓝色招牌下人头攒动。

店内动辄上百元一件的毛衫、牛仔裤在当时上海这座充满商业元素和时尚感觉的城市来说也绝不便宜。拥挤的现场，超高的人气，让邹庆平①等人目瞪口呆。

20 世纪 90 年代初期，由黄霑作词的《沧海一声笑》流行香港："沧海笑，滔滔两岸潮，浮沉随浪记今朝。苍天笑，纷纷世上潮，谁负谁胜天知晓……"香港人爱用粤语演唱这首歌，豪放的词风、奔放的旋律恰恰代表了他们精神气质里的奋斗与拼搏。不过，对杨勋而言则是，沧海笑，苍天笑，真维斯才踏上"万里长征的第一步"，谁负谁胜天知晓。

休闲"羊皮书"（下）

"计划"仍不肯放手，传统依旧强大，真维斯偏偏极有勇气地打出口号："冲破中国单调传统。"一个值得回味的细节是，门店装修时，真维斯在店铺门口贴上招聘广告，预计招聘 60 人，写明待遇月薪不低于 800 元。

广告贴出去，两天时间收到 1 000 多封求职信，筛选后最终也有

① 现任旭日集团副总经理。

200 多人面试。萧志昌说："当时很多人月薪四五百元，真维斯出的薪水是别人的两倍。外来的牌子，香港的公司，双倍的月薪，这个声势令市场对真维斯一下有了轰动的认识。"

于是，南京路上第一家用大面积底色做招牌的服装专卖店正式开业。

走进店铺，每个装修细节、每个摆放货架、每种搭配颜色，都令人耳目一新，已然有了多年后常见的服装专卖店格局的影子，各种色彩的衣服即便在 90 年代初期的上海也显时髦与前卫。"今天三四十岁的人对真维斯印象最深刻的肯定是其丰富的颜色。"萧志昌说。

顾客和店员之间隔离的柜台不见了，不管买与不买，摆在货架上的衣服，像自家衣橱，顾客都可以随意选取、试衣；而不是要哪件衣服，指给售货员看，他再拿给你。就算没有选中喜欢的，客人也不会有被店员紧迫盯住的压力。后者不再扮演看护者角色，同时补货的节奏也随之加快。事实上，顾客自如闲适，正是真维斯倡导"休闲"的本意。

开业之初，萧志昌等人还突发奇想，每天把香港的报纸贴在南京路门店的外墙上。

彼时中国内地，报纸种类少，信息来源渠道窄，据说一位今天知名的民俗学家当时发表了一篇短篇小说，竟然直接改变了自己的命运——由工厂工人摇身一变成了报社的一名编辑。如此背景下，真维斯从香港带来的各种报纸，自然引起了民众好奇。

报纸张贴的第一天，不到三个小时，大量围观的人直接引来南京路派出所的民警维持秩序。经过解释，民警了解到这是一种商业行为，不予追究。但此举让南京路上过往民众对这个名为“真维斯”的品牌产生了兴趣——来自香港，卖衣服的。行人路过店铺，难免有了进去看一看的冲动。

萧志昌认为：“零售业这个不新鲜的行业，如何赋予内涵？文化是最佳选择。比如麦当劳刚进入中国内地时很轰动，本质而言，一个汉堡包有什么稀奇，但包装成‘美国文化’，消费者觉得，美国人每天吃的就是汉堡，那我有必要去尝试。这里面包含两重信息，第一是不同的生活方式，第二是消费者的好奇心理。”

中国内地消费者从未接触过休闲类服装，而真维斯来自澳大利亚，虽然老板是香港人，但依旧是“洋品牌”，包含着迥异的衣着文化。店铺一开，与往常完全不同的零售模式，消费者会好奇——有那么多样式我可以自己挑选；再加上真维斯工作人员的高薪水，诸多因素传达的信息就是：“这是一家很顶级的企业。”

由此可理解，真维斯刚进入内地，是以“创造引领潮流”为节奏，走“高端”路线的。一条标价 180 元的牛仔裤，一件标价 199 元的毛线衫，用杨勋的话说就是“放在今天也不便宜”。

当衣着的平凡意味着老调，全新的气氛活跃于每个人的周边，那时在很多人眼中，拥有一件真维斯，就拥有了一种身份的表征。不过，开创者必须做的事情，首先是要活下来，接着还是要活下去。而 1993 年，中国休闲服装市场就像彼时的崔健大声的嘶吼：“你们年轻吗？”一切方兴未艾。

如果说“羊皮书”是象征着开端和经典的文化载体，那么真维斯北上中国内地的旅程无疑可称之为“休闲羊皮书”：热情的服务，百变的色彩，开放式的购物方式，让一代人为之耳目一新。其中的示范作用又为后发的本土服装品牌上了一堂精彩的启蒙课。

此后，行业跟随者们有板有眼地模仿真维斯蓝底白字的品牌标志设计样式、选店标准、服装款式定位，套用服务统一、装修统一的连锁管理模式，运营着自家品牌，期待一朝成名。

百市千店：全国市场一片蓝

1993 年 5 月 26 日，李仲安[①]入职真维斯的第一天。翌日，他坐上了飞往上海的班机。两天后，上海门店开张，李仲安忙前忙后，应接不暇。此后半年，奔波与繁忙成为李仲安工作的常态。岁末，他又出现在青岛。

青岛国货顶层八楼，在四周同样来自香港和台湾的服装品牌的包围下，真维斯青岛第一店正式营业。至今，李仲安仍清楚记得，当时的青岛国货，“商场一到七楼卖国产商品，八楼才布局内地之外的品牌。商场当时只有两条扶梯，分别上下。这意味着，消费者必须上一层楼，然后绕一圈，再从另一条扶梯下”。

位置谈不上理想，开业前也无任何宣传，但不断涌入的购买者让李仲安以及其他职员措手不及：当时人们抢着冲进来，没有人试衣服，抓到哪一件就买哪一件。冯亮恰好在现场，他立即组织店员把其他进出口封住，只留两个，一个入口一个出口，“每批 20 个人，每个

① 大进投资有限公司董事兼副总经理。

人进去20分钟就得出来”。即便这样，顾客还是会为谁先看中哪件衣服而发生争执。最极端的，一位顾客因为抢不到衣服而发怒，直接打了真维斯员工一个耳光。

头5个小时就卖了8万元，第一天结束，销售额达到18万元。

1992年，主攻内地市场，1997年，战略大转型，真维斯重要的节点“巧合”发生于两个“暧昧”且微妙的年份。为什么真维斯总能在恰当的年份踏准变革的节拍?

杨勋的回答是：成熟的创业者会在优劣之间作出判断，避开环境中的干扰因素，最大程度利用有利条件；能在似是而非的机会面前作出选择，并抵抗机会主义的诱惑；能把握宏观趋势对商业具有的根本性制约，矫正商业行走的边界和行为方式。

“环境允许的条件下创业才是明智的选择。”显然，真维斯进入中国内地时，政策明朗，经济的活跃因子正以核聚变的力量爆发，“还有比这更好的发展机会么”？

其实，广阔的内地市场原本属于比真维斯更早进入的其他香港服装品牌，遗憾的是，这些品牌小心翼翼偏安于珠三角。即使有那么一两个品牌深入内地，可惜它们不是以颠覆的身份来翻江倒海，而是被内地保守、固执的商业习惯所同化，故步自封。

再一次，机会留给了有准备的人。

几乎就在青岛门店迅速走上正轨的同一时间，一个构想在杨勋心目中悄然勾勒成形：以长江流域、黄河流域划分界限，设置真维斯国际和大进投资两家公司，相互协作、共同竞争，运营真维斯品牌，以此快速占领内地休闲服装市场。

大进投资负责人张慧仪[①]说："真维斯刚开始的时候发展非常迅速，一家公司难以承担那么大的中国市场，成立了两家公司，更好管理。同时各地方消费认知不一样，国际口岸的消费者对时装的接受度跟大进口岸的消费者有差异，两家公司，比较容易找到重心。"

真维斯国际包括长江沿线大多城市，以及北京、天津；大进投资聚焦黄河流域各省市，同时覆盖珠江流域。与此同时，通过这两者推行"百市千店"计划。为此，杨勋尽可能赋予前线员工自由操作空间，减少或规避制度牵绊。当时的情况用现在华东区副总经理的话说："基本上看到一个店，我跟人家谈好租金，一个电话报到总部，确认后直接签合同。"

上海、青岛、武汉、石家庄……"百市千店"似乎势不可当，1995年底长沙东塘百货有了第一家真维斯门店，现任华中区副总经理[②]当时只是店长，而今天的湖南口岸副总经理[③]还是长沙新店的第一批员工。

在当时的长沙人看来，真维斯与之前接触过的牌子的确大不一样。这个陌生的品牌员工上班前会先开例会，随后店口会有迎宾，店内的每个职员接待客人时统一说普通话。当地人觉得很新鲜，常常有顾客故意讲长沙话来"测试"真维斯的店员。"顾客常逗我们营业员，

① 旭日集团董事兼副总经理，大进投资有限公司总经理。

② 真维斯国际（香港）有限公司华中区副总经理，后文简称为"华中区副总经理"。

③ 真维斯国际（香港）有限公司湖南口岸副总经理，后文简称为"湖南口岸副总经理"。

‘你讲长沙话吧，为什么跟我说普通话，我又不是听不懂’。还有很多顾客追着问营业员‘什么叫休闲服、什么是休闲品牌’。”现在的华中区副总经理笑着回忆道。

湖南口岸副总经理说：“我们的服务模式和许多工作细节（如例会）在1995年的长沙是首创，带动了行业发展，不只东塘百货大楼，其他百货大楼和商业街都号召向真维斯学习。”

16年后，昔日的东塘百货早已改头换面，真维斯在长沙的竞争对手也由最初的欢腾、比利，替换为美特斯邦威、森马。时代在变，环境在变，竞争对手在变，但真维斯没变——还是那个给顾客超值体验的品牌。湖南口岸副总经理说：“这么多年，不管亚洲金融危机还是世界金融危机，不管哪种竞争，口岸一直做到了双位数的增长，占据市场领头位置。”

就在真维斯给长沙人带去休闲启蒙时，有一个人正跟随杨钊走在成都的春熙路上，这个人现在已经是西南区副总经理。

1996年的成都在西南区副总经理的眼中“还不开放，即使号称城市最繁华的商业街春熙路，同样显得破旧与不时尚”。但不需要多久，真维斯会以成都为原点，撬动起整个西南休闲服装市场。

西南区副总经理在成都忙碌，与此同时，石家庄纺织局一个“上班喝茶、看报纸，打个电话，午饭后打打扑克、麻将”的年轻人辞去了“这份比较舒服的工作”，应聘到真维斯。十多年后，年轻人已升为西北口岸总经理。

仅仅隔了两个月，求职成功的这个年轻人便被派往太原，开发山西市场。再半年，太原第一家真维斯自营店开业，一年后该店年营业额达到惊人的500万元。[1]

1993~1996年，全国主要城市的步行街几乎都会有真维斯显眼的蓝底白字招牌。许多地方的消费者打车去真维斯店，根本不用告诉司机店址，直接说“去真维斯”。而更让真维斯人骄傲的是，许多竞争品牌都“跟着真维斯走”——真维斯门面装修白底间蓝条，其他店铺也这样装修；真维斯品牌标志蓝底白字，其他品牌就蓝底黑字。业内还流传这么一个故事，某服装企业老总对手下发火：“你们不要跟我说什么开拓市场，考察市场，我告诉你，哪里有真维斯，你们就把店开在那里。”

抓时机，占市场，杨勋领导的真维斯“百市千店”轰轰烈烈，“全国市场一片蓝”蔚为壮观。然而，战略与战术的偏差却为之后形势的突然急转悄然埋下了隐患。

领头羊犯了错

莎士比亚说：“世事的起伏本来是波浪式的。”商业升降的规律就如同生命悲喜无常。1996年，韩国大宇首任管理者金宇中写于7年前的自传《旷世伟业》进入中国。

这本书详细记述了大宇的商业历程，让中国上自政府、下自企业都有了新的效仿目标。大宇神话让中国商业界幡然“醒悟”了。与此对应，当时国内的主政者和经济学家们一致认定，培植若干家能够进

① 这段故事见后文“那群年轻的口岸经理”。

入“世界500强”的超大型企业集团是中国崛起的最好例证。

谁都无法预料，一年后亚洲金融危机，其他韩国大企业集团纷纷收缩，大宇仍然我行我素，结果债务越背越重。三年后，大宇宣告倒闭，这被认为是迄今为止世界最大的破产案。

人生不满百，常怀千岁忧。很多看似偶然与不相关的事物之间，其实存在着千丝万缕的联系，充满着必然与关联。混沌初开时，商业世界充满了盲目的梦想与狂热的方向。

理想固然美好，现实何其残酷。商业终归是一个向利益低头的过程，倘若真的不在乎市场，何须委曲求全？于是，繁华与落寞相生相伴，期间兴衰转换，有如地狱天堂。

之前几年，全国市场“一片蓝”，真维斯“百市千店”可谓气势如虹。可惜好景不长，《旷世伟业》在内地炙手可热的1996年，真维斯月报表显示，大多数口岸、门店业绩增长乏力，存货严重，曾经一时无两的销售火暴状况逐渐冷却，管理者们面前的困惑若隐若现。

东西卖不动了，以“速度为王”的开店模式掩盖的种种问题逐一暴露。

一个简单的例子：当时货品、店铺布局、价格等以真维斯国际为主线，但其与大进投资的口岸划分不同，许多看似标准的配货流程，反而阻碍了市场销售——4月的南方已上短袖上衣，可同一时期的北方仍主打长袖衣物。

对此，李仲安说：“到了操作层面，针对不同的地区，需要协调模式。这方面并不到位……很多东西没有规范，单纯凭经验，指标和标准建立缓慢。”

原因还并非如此。几番深思熟虑，杨勋意识到“品牌的定位与战略扩张方式出现了致命偏差”。真维斯标榜“引领潮流”，可事实上，敏锐把握时尚节拍的人终究只是金字塔尖的少数，更多的人还是后知后觉。潮流的前沿在一线城市，但这里的市场比二、三线城市更细分，人们的选择也更多，不可能通过简单的门店复制达到“一片蓝”的目标。

因此，“百市千店”计划一开始就是以二、三线城市为重心，而在“高端”与“精品服装”的定价策略下，二、三线城市的消费者又缺乏与之匹配的充足购买力。

“百市千店”短时间内把摊子铺大，但一线城市和二、三线市场之间，潮流的传感、价值的体现，毕竟都需要过程。而在消费者看来，店开得越多，品牌的相对价值一定会下降——以前最好的商场或最繁华的商业中心才有这个品牌，现在超市都能看到，怎么可能还说品牌最顶尖、最高端？矛盾就此出现，原本环环相扣的发展战略出现了死结。

刘伟文说：“提升营业额的策略无外乎两个：其一，做精品时尚高端品牌，做透小部分市场，追求高利润；其二，通过做大众接受的品牌，借助销售量来带动整体的增长。”

两种策略间其实并无交集，只是真维斯进入内地初始，休闲服装市场一片空白，上海门店的火暴和青岛门店的“抢购”让真维斯的管理者出现了暂时性错觉。

事后回顾，杨勋认为：“这次犯错主要在于品牌扩展速度与定位脱节。”

追求速度与规模本无可厚非，何况速度与规模在很多情况下确实具有强大的制胜意义。

战线越长，市场领土越广，对企业的品牌发展、管理、文化以及预防风险能力提出的要求也越高——这才是对战略制订者最大的挑战。更让人担心的是，速度扩张，很容易制造亦真亦幻的“繁荣局面”，管理者盲目自信，倾向于确信企业的辉煌能够一直延续下去。那些随速度出现的问题则可能被视做“无伤大雅”的小瑕疵，伺机埋伏，只等时间滋长发酵。

真维斯进入内地初期规模小，品牌定位高端，竞争对手少，门店多在上海、青岛等消费群体购买力强、对潮流把握敏感的城市。但随着规模不断扩张，意味着真维斯顾客群体从“小众”走向“大众”，“做精品时尚高端品牌”的定位必须调整。

高端品牌与大众品牌几近于“鱼”和“熊掌”，在之前“销售火暴”的错觉指引下，真维斯管理者试图两者兼得，结果适得其反：“小众”认为处处开花的真维斯品牌掺了水分，“哪个高端品牌满大街都在卖”？“大众”也不领情，对时尚把握稍缓的他们显然无法接受过于新潮的设计。

与此同时，黑色消息接踵而来，金融风暴不期而至。

有经济学家这样诠释宏观环境：“宏观就是这样，永远有人在悲观时更悲观，有人在狂热时更狂热，也有人冷眼看世界，更多人是墙头草——两边倒。”

这是宏观环境的不可抗拒性。货品积压和金融危机因果上虽不是最直接的关系，但就时间上而言，还是让人浮想联翩。大环境不景气，商品市场风向调转，变成“卖家求买家”，新概念随之问世：买方市场。渠道创新、品牌创新、品种创新呼之欲出，“休闲装”、“特许经营”、“设计师”一夜之间成为行业热门字眼。中国南方的一些小城镇，一群草根之众尽管此时还算不得有名，但他们以惊人的复制力，成为真维斯身后最可怕的跟随者。

问题的是非曲直昭然若揭。在内，战略转型刻不容缓；于外，竞争江湖波诡云谲。

内外夹击之下，真维斯——这只休闲服装行业品牌的领头羊——不慎犯错。杨勋感慨：“1996、1997两年业绩基本停了下来。一家企业在高增长的时候没有增长，这很危险。”

历史的经验和判断常常难以改变现状，对现状的失策和臆断却往往会改变历史。就在真维斯决策者困惑的这两年，整个世界好像都陷入了一个迷局：金融危机爆发，灾难连同其后的印尼大海啸，席卷亚洲各国；大洋彼岸，美国股民们发现，一只本来几近崩溃的股票仍不断下行，它的缔造者终重出江湖，此人叫史蒂夫·乔布斯，10年后该股票增值百倍……

美国的创业英雄们各自奔忙，他们同样困惑于未来。如果历史真是一场赌局，大部分入局者都会输。经济震荡，商业循环，如何度过寒冬，乃至大成，风生水起的真维斯如今也在逆境中苦苦摸索，寻找方向。逆境常常能把赢家与输家区分开来，奔腾的代价难道是戛然而止？所有的辉煌都只是昙花一现？

从名牌到“民”牌——2002 年大转型

绚烂的过往在事后看来，多半会有意味深长的遗憾之处。

1993 年，真维斯带着骄傲和自信进入中国。这个有着澳大利亚纯正血统的服装品牌正是在杨勋和旭日集团入主后才发生了质的变化。

澳大利亚是块试验场，做足了功课的真维斯理所当然对中国内地市场怀有充分的信心，而最初几年后者也的确给了杨勋甜蜜的回报。可事态从 1996 年起有了变化。

1997 年开始，内地的经济改革进入“深水区”，服装纺织业的变革可谓大刀阔斧。同年 3 月，中国国际时装周前身——北京国际时装周举行。紧接着，全国纺织服装行业工作会议正式提出“名师工程”、“名牌工程”战略宣言。同年，在中国服装协会的工作报告中，涉及著名的“三名”（名企、名师、名牌）工程，为中国服装名牌战略确立了方向；年底，第一届全国服装设计师协会会员代表大会在京召开，首届中国服装设计师博览会在京召开。

自上而下的改革亦步亦趋，“面对成长的历史机遇”，真维斯“百市千店”扩展不能停滞。可由外而内的冲击雷霆万钧，真维斯必须转型。对于希望让真维斯持续发展的杨勋而言，转型，怎么转？向哪转？这都是问题。

杨勋把消费者构成解构为一个稳定三角形，划分为三层：最上一层，人数少，但价格敏感度低，他们追求名牌时尚，注重服装品牌沉淀的身份认同；最下一层，在是否购买商品的因素中潮流比重不高，而价格因子权重最大；中间一层，介于上下之间，相对来说，他们对价钱、品质比最下一层高一点，潮流度追求比最上层低一些。

“1993 年真维斯做第一部分人的生意，需求集中，价格不菲。而那时真维斯门店也少，供应与需求匹配，但市场上最大部分顾客群体毕竟集中于三角形的中部。”杨勋说。

真维斯总部，杨勋召集起管理层以及各口岸经理：“大家都说，问题何在？”

现场，每个人都各抒己见：

有人认为，定位与消费人群错位，18~25 岁的年轻人，这部分人群购买能力差，但真维斯一件T恤动辄 200 元以上。年轻人新鲜感和购买冲动消失后，很难激起第二波热情。

有人认为，内地经济宏观调控“软着陆”，市场供大于求，企业运营吃力，竞争加剧、效益下滑，下岗人员增多，人们不得不缩减消费持币待购，出现全国性消费疲软。

有人认为设计不符合年轻人心理；有人说可能是服务和管理的问题；有人说可能是数据掌握不准确；有人说是门面租金太贵；有人说是员工培训不足……

大家都强调自己观点，激动时有人拍桌子、摔杯子，吵得面红耳赤。

杨勋没有发言。作为董事长他内心翻腾，然而风暴来临，他更需要理智。其时，在杨勋看来，市场低迷的另一面，也是品牌重新定位以至涅槃的黄金阶段。正是在强烈的外痛与不断内省下，“满足三角形中部顾客需求”逐渐成为真维斯战略转型的共识：

第一，从“引导潮流”过渡到“追随潮流”，提供“时尚的必需品”；

第二，价格降下来，品质保持原有水准，必须“物超所值”；

第三，继续扩展店铺数量，辐射全国，做到“名牌大众化”。

杨勋说：“价格低不代表价值低。我们的东西价值100元就卖100元，甚至卖95元。别的品牌卖到150元，他利润高，但我们是物超所值。”

于是，从北京、上海等一线城市，到武汉、石家庄、青岛，甚至更小的城市，有心的消费者会发现，“180元的牛仔裤降到99元，一件T恤39元就能买到，品质缩价不缩水，而且款式适合当季，做工也好”。真维斯由“名”牌变成了“民”牌。从图1–1中能看到真维斯从“名”牌变“民”牌过程中价格调整的实在变化。

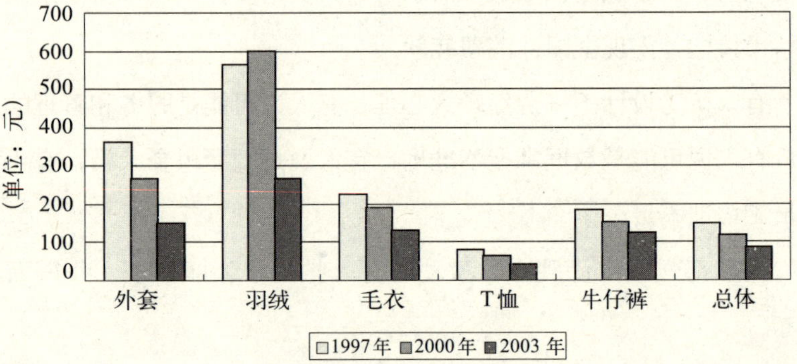

图1–1　转型年重点单品平均零售价变化趋势

图1–1显示了真维斯在转型年对服装价格的调整，从2000年开始，外套（非羽绒）、羽绒、毛衣、T恤、牛仔裤均有较大幅度的降价。

图1–2则通过计算价格浮动百分比，更直观地展示了转型后真维斯各服装品类零售价的降幅[1]。

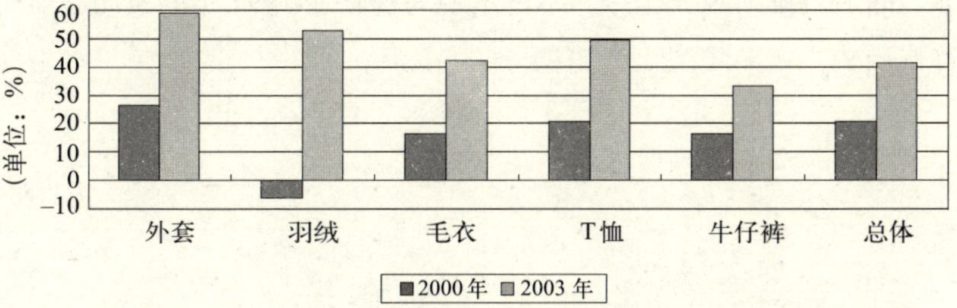

图1–2　2000~2003年重点单品平均零售价降价幅度

根据统计结果，到2003年，真维斯全品类服装平均零售价降幅达到41.5%。从图1–2不难看出，相比1997年，2000~2003年重点单品平均零售价格在整体上保持了持续深度下降的趋势。这一价格调整初步完成了真维斯"民"牌战略的实施与品牌转型。

1776年，美国独立前夜，一本名为《常识》的小册子开始流传，这是独立的战斗檄文。128年后，美国《企业家》杂志选用了其中一段话作为发刊词，这段话也成为当代企业家的集体宣誓："我有权成为与众不同的人，我寻觅机会，但我不求安稳……我要做有意义的冒险，我要梦想，我要创造。"

这段话的妙处，在于放之四海而皆准。没有商业理念和前瞻性的企业，永远是小公司。1997年真维斯战略大转型的诉求，无外乎

① 2000年和2003年价格降幅均以1997年的价格为基准计算得来。

“要梦想，要创造”。若算上旭日20世纪70年代便在内地开设服装工厂，这家企业的故事，契合了从1978年以来中国商业变化的所有细节，而后真维斯风光至今，不能不说与杨勋在1997年的做局、变局息息相关。

JEANSWEST

第二章

品牌到底是什么？

比那些狂潮中的“品牌暴发户”更沉稳，更务实，也更有信念。

不虚幻，不擅长炒作，不喜欢出风头，但视野广阔，经得住时间的打磨、外界的诱惑，并自觉、自然、自愿地肩负起行业和企业的双重责任与理想。

以“稳定的速度”努力去做“合适的事情”，拥有品牌理想者，基业长青。

不是每个老板都懂品牌

1995年，真维斯大张旗鼓走“名牌”路线之际，中国发生了一件事——企事业单位实施双休日制度。有学者撰文称，“双休日”是广受欢迎的国家政策与法律制度，标志着中国在劳工待遇政策方面与国际接轨。

学者的论断略显矫情，但客观上，一种明显的变化是人们消费空间的空前扩张。有了双休日，闲暇时人们逛起了商场，兰州一媒体报道，某著名卖场在第一个双休日当天营业额达到300多万元。

这种情势下，服装业迸发顺理成章。

从未有过的爆发时代来临，伴随着行业利润大幅上涨，成为一个甜蜜的隐喻。有人将此归结为服装行业巨大的财富吸引力，甚至举出一位老板的话作为旁证：“成本不过5元钱的小背心，在小商品市场卖25元一点不成问题。我就曾把成本10元的服装标价100元出售。”

所谓的“暴利”，让很多人蜂拥而入。统计数据显示，一夜之间，国内市场角逐的休闲服装“品牌”多达2 000余个。其中多数似乎又只是被一样东西引上歧途——品牌，只是赚钱的工具，之所以要有一个商标，是因为有了商标，衣服才能卖更高的价钱。

一年之后形势急转直下，卖方市场转换为买方市场，买卖方地位瞬间扭转。“贴个商标，取个名字就能获得高额利润”的传说像一个被吹大的泡泡，一戳即破。相当一部分“品牌”被就此洗牌，烟消云散。真维斯则伺机纠正方向，杨勋也对品牌内涵进行了重新梳理。

品牌确实玄妙，“不是每个老板都懂品牌”，甚至，“大多数老板其实不懂品牌”①。

可口可乐前总裁伍德拉夫有句经典名言：“即使公司顷刻化为灰烬，凭着可口可乐的品牌，可口可乐仍会在很短时间内重建帝国。”40年后，可口可乐公司仍风头强劲，然而新任总裁郭思达却险些葬送这个传奇品牌：他放弃沿用百年的“经典可乐”，推出口味更甜的“新可乐”，致使顾客大量流失。最终，郭思达宣布放弃“新可乐”，回归“经典可乐”，挽回了局面。

---

① 杨勋此话背景是，当前中国，在很多商人、专家学者以及品牌管理或服装设计专业的学生的论文、报道文章、公开演讲中，时常且相当自然地流露出一种情绪误区：品牌就该高定价。他们常列举香奈儿、阿玛尼等国际一线品牌佐证观点，证明“品牌，高定价有理无罪”。而实操层面则走向一个极端——重金聘请代言，投放广告，去“包装”而不是“运作”出一个品牌。杨勋觉得，的确有一部分消费者愿意花大价钱消费某些品牌来彰显身份，但中国更多的普通消费者其实最在意品牌能否满足他们“实在”的诉求。因此，品牌有“享受”高定价的权利，但更有为消费者提供“物超所值”服务的“义务”。

这场“美国商界一百年来最重大的失误”可否说明，品牌的大红大紫或生命力的强大在于品牌背后有个对其理解深刻的老板?

人的因素决定品牌命运，而老板不懂品牌将非常危险。杨勋认为“懂品牌”与“不懂品牌”的区别在于，能否深刻理解品牌的意义、本分，并且明晰品牌的发展战略。

首先，“打造”品牌而不是“包装”品牌。

寄望持续发展的真维斯，品牌不是故弄玄虚的吆喝，不能指望广告轰炸。它的品牌意义随时间而沉淀，是附加在产品上的风格特征，是长久耕耘后形成的消费体验，更是凝聚在产品血脉中的基因。换个说法，即杨勋看重品牌长线，真维斯更强调企业与产品价值的多重凝聚。

还是以可口可乐为例。

“二战”时，伍德拉夫把每杯可乐降至5美分，保证每个美国士兵无论驻扎于何地，都能喝得到，也喝得起“可口可乐”。借此，“99.61%是碳酸、糖浆和水”的可口可乐行销全球。

1997年起，真维斯下调产品价格，将品牌的“架子”放低，让“名”牌成为大众有能力消费的“民”牌，这种策略而今看来与伍德拉夫异曲同工。

只有深刻理解了品牌的意义，才不至于为了制造品牌噱头，只做表面文章。真维斯品牌的定位与调整，是梳理企业发展愿景以及不断转型的过程。杨勋认定品牌定位有大乾坤：“过程很难！当初如不从小处着手，然后从侧面迂回，顺理成章地把更大的问题一并解决掉，进行企业素质全面提升，真维斯不会有现在这么好的基础……”

其次，品牌营销有一个“讲故事”的方法，即故事提升品牌接受度。

“故事”可以讲，但要值得讲，前提必须是主角——品牌本身品质过硬。很多“品牌”本末倒置，有意无意地放大“讲故事的手段”，将热情过分倾注在广告营销上。

实际上，汉字结构中，“三口成品”，是说产品经过市场和舆论的检验，口口相传，乃至成碑。反观“碑”字，“一片卑微之心”，亦即起码的敬畏，不仅对市场和舆论，更对顾客本身。由此引申而出真维斯的品牌本分——保证交到顾客手上的都是一级品。

“保证交到顾客手上的都是一级品”，杨勋分解为两个层面，三个关键词：一是专注，二是平稳，三是品质。前两个关键词归为一个层面。

两个层面相辅相成，“只有专注和平稳，产品才能保证品质”。“有的企业做快餐成功，就搞饮料、搞饼干，哪来这么多人才？延伸太宽，品质下降，产品会慢慢出现问题，直至波及主业。”杨勋对内地经济的未来相当乐观，并由此断定下一个20年中国房地产业上升空间依然可期。真维斯每年现金流都非常充裕，旭日集团的主要利润也来源于地产，但他本人却始终专注“服装零售这个最苦、利润最薄的行业”。对此，杨勋认为：“成功的品牌，一定是脚踏实地去经营；不成功的品牌，往往超出控制。即所谓‘明荣辱，知进退，有可为，有可不为’。”

保持品牌的长线经营必然以保证品质为前提。

为保证品质，杨勋提倡稳打稳扎、持续发展的企业文化与脚踏实地、不追求爆发性扩张的发展战略。这就是真维斯多年来在休闲服装领域里长流不息的缘由——真维斯将对品牌本分的追求与企业发展节奏恰到好处地衔接与融合起来。

最后，外部环境波动会导致消费者诉求的变化。而竞争加剧，品牌本身具备的独特竞争力势必被同行借鉴、复制。在一个透明、公开的竞争环境下，品牌之间没有绝对的秘密可言。品牌虽能早人一步“人无我有”，却不可能“人无我永远有”。

外围环境变化莫测，行业对手走向难以把握，如何把主动权时刻控制在自己手中，真维斯的品牌战略是：“人无我有，人有我优，人优我转。”“引导潮流”，创造一种消费者对服装的新消费诉求，其实是“人无我有”；由“引导”过渡为“跟随”，“物超所值”便是“人有我优”。

很多企业的老板希冀自己的品牌免于受困，免于颠沛，被人垂青，但他们又惯性地从品牌的误区中走出来又走进去。柯林斯在其经典著作《基业长青》中提出一个观点：普通公司与伟大公司的差异在于前者倾向“报时”，后者侧重“造钟”。

“报时”，是指企业发展依赖拥有一个可以打开广大市场的产品或者创意。相对应的“造钟”，意思是企业蜕变上升为有造血功能、能长期健康运转的组织。“人无我有，人有我优，人优我转”彰显出真维斯从“报时者”到“造钟者”的角色转化：不是只被市场或潮流所左右，更能够不断发现市场盲点，创造新的市场；品牌懂得如何在同质性渐强的竞争中保持核心优势——品质至上，从而在市场与潮流之间取得完美平衡。

成败之辩，始于本源。

同理推之，一个有恢弘愿景，志于“基业长青”的品牌，其拥有者、管理者应当先熟透品牌的常识，坚持品牌的本分，实践品牌的战略。而后，胸中有丘壑，不哗众取宠，不华而不实，把品牌带上良性成长的轨道。

物超所值：老套概念的“实在”定义

1996年，真维斯在长沙开设了第二家分店，当时仅仅是长沙一名普通门店员工、如今的湖南口岸副总经理被调去做店长。

一天，她接到指令，下调产品售价。名牌大减价！长沙市民闻风而动。以一半甚至更低的价钱买到一件真维斯的衣服，在那一年的普通长沙市民看来的确是实在的优惠。

中国的消费者，绝大多数仍然是实用主义者。套用经济学的解释，每个顾客都是理性人。花最少的钱买到喜欢的物品，是多数消费者向往的目标。许多品牌为切入市场通常以降价为手段，将“物超所值”作为口号，迎合客户。但事实上，“物超所值”并不意味着“绝对低价”。杨勋经常举例：三条牛仔裤，100元的穿一年，200元能穿三年，而150元的也能穿三年。哪条裤子“物超所值”？答案不言自明。

把价格战的“减法”变成品质的“加法”，这才是真维斯倡导的“物超所值”的核心。今天，很多十多年前购买过真维斯的客户“家里衣柜还有真维斯T恤，也都能穿”。十多年的时间，足以印证一个品牌“超值与否”。况且当时，从“买一件真维斯是件很奢侈的事情”，到“名牌都大众化”了，难道还不超值?

而通常商家的做法是，价格调低，若利润维持不变，必控制成本，相应出现品质下滑。但真维斯的客户发现，价格下调服装质量却一如既往，这就是“物超所值”的一种“实在”阐释。

企业研究者认为：“品牌也有气质。理念、追求、思考、价值观、战略、行动、制度、绩效、客户关系等浑然一体之后的呈现，才是品牌精神或灵魂的体现。”

真维斯的气质是什么？也许可理解为，由“物超所值”这一点辐射出来的多重场景，而“价格亲民，质量不打折扣”仅是多重场景中最浅显的层次。

1999年夏天，一位北京小伙子收到广东朋友邮寄过来的礼物。他打开一看，是一件真维斯外套。小伙子开心地穿上衣服，发现号码太大，并不合身。小伙子有些郁闷，朋友无意间说了一句，“换件小的呗”。他有些迟疑，怎么换，广东买的衣服，难不成要寄回去？

朋友又说，去北京真维斯门店试试。小伙子不以为然，因此并未在意。

三天后，他路过一家真维斯门店，想起朋友建议，抱着侥幸心理进店跟售货员说明来意。意外的是，售货员告诉小伙子，真维斯的衣服全国门店都能任意调换①。

连锁专卖产品全国门店免费替换的服务，放在十多年后的今天，

① 案例来自北京的一位不愿透露姓名的真维斯老顾客。1999年，小伙子刚考入武汉一所大学，收到朋友寄来的一件真维斯外套作为礼物。今天，这位小伙子毕业8年，在一家互联网企业工作，有一份年薪30万的工作，却还会买“真维斯的牛仔裤、T恤衫”，用他的话说“舒服，不掉面子”。

自然不算新鲜。可在当时，南京某报纸还曾报道：顾客换货不成大闹商场。

小插曲给真维斯带来了忠实用户，这样的案例在真维斯品牌发展的 20 年中不胜枚举。

有时候，让顾客满意并不是“麻烦事”，恰恰相反，满意的购物体验和售后服务也是真维斯“物超所值”的另一重“实在”体现。杨勋经常要求真维斯职员把“精神和时间”集中在主要工作上：开发新品种以扩展市场空间；改善购物环境以提升产品价值效果；提升店前营业代表的服务素质也是增加顾客购买力度的有效方法；改善电脑资讯系统，快速、准确、有效地提供各部门所需情报和资料。

“适应市场需求准确转型，内部管理不断优化，完善的零售数据分析系统”在湖南口岸副总经理看来：“这才是一个着眼长远发展的企业的经营之道。知道自己的方向，也知道自己当下在做什么。”“物超所值”，说到底就是营销学的“增值服务”。无论怎样的产品，面对的终端顾客，一定是人。消费者直接消费商品获得享受，生产者使用工具间接创造价值。

既然是做“人”的工作，最好的方式就是以人为本，施予人本情怀。当企业赢得了客户这个“人”，也就赢得了背后的终极利润。2009 年，真维斯重金聘请日本设计师设计店铺，至今品牌专卖店装修风格已演化到第六代D。

当消费者走进每一家精心布局的真维斯专卖店，面对琳琅满目的货品，用较低的价格买到品质不打折的商品，不知能否体会到真维斯处处营造“物超所值”的良苦用心？

品牌的常识——名牌大众化

菲利普·科特勒在《营销管理》一书中指出：品牌的6层含义是——属性、利益、价值、文化、个性、使用者。品牌首先建立在产品的形象识别上，然后引发价值、文化、个性的感受和认同。属性不外乎两点：质量、价格，只有二者协调统一时才可能打开市场。

按科特勒的说法，品牌“塑造形象识别”而后“引发感受认同”的时间性决定了其在成为名牌前必须经过重重检验，最终找到“价格”和“质量”的平衡点，从而打开市场。

一种观念根深蒂固，即认为那些出类拔萃、认知度高的品牌才是名牌，那么名牌理所当然应该较之于一般品牌享受更高“溢价”，因而很多名牌喜欢摆出高不可攀的形象，似乎只是少数人的标签。

久而久之，名牌成为高价的代名词，距离普通人越来越远。然而，当自持身价成为吸引眼球的卖点，这是否违背了品牌的意义？同时，“不懂品牌”的老板们固执于“砸钱宣传、售后环节缺失”的商业规律，依靠广告、代言等外围因素作为噱头营销品牌，这又是否有“揠苗助长”的嫌疑？最后，倘若以牺牲大众的消费基础为代价，即便获取高额利润，名牌背后的社会价值又将如何体现？

市场初期，行业领先者具有技术和生产优势，战略层面一般面临选择：从供求关系角度出发，生产优势使大规模生产成为可能，进而导致降价。不过，战略分野激发不同的品牌诉求，前者被塑造为奢侈品，后者则衍生为大众化名牌。

宜家创始人英格瓦·坎普拉德在《一个家具商的遗嘱》一文中

描述宜家的企业目标："我们想让我们的商品拥有更漂亮的外观、更实用的功能而又价格公道，使许多人都买得起。"这位企业领袖告诉他的员工，"要不遗余力地维持低价。与我们的对手保持明显的价格差异绝对必要。在所有领域，我们都要一直成为价格最公道的"。

真维斯的发展过程中也曾面临市场与价格的抉择。

20 世纪 90 年代，作为最早进入内地的休闲品牌，真维斯成为时尚潮流的引领者，目标对象锁定在 18~25 岁的城市青年——坚持高品质、高定价。

1997 年前后，资本规模壮大，融资渠道通畅，而另一方面生产水平提高，扩张速度加快，真维斯在并没有出现强大行业竞争者的背景下选择主动降价。杨勋认为，名牌之名，非自我标榜，换言之是基于产品、性能、价值的综合评价，说到底是消费者的认同。回馈他们的最好方式，是让他们能以"大众化的价格享受到名牌的品质"。他相信"再过一百年，大多数人也依旧喜欢这样的品牌"。

懂品牌意义的企业，其商业逻辑反而纯粹。真维斯 20 年精耕细作，2 800 家门店，超过 1 万名一线员工，每年销售 6 000 余万件服装……数字传递出一个大众化名牌已深入人心。

在杨勋的定义中，"名牌大众化"是一个多维概念。

地域上，真维斯的市场界限不断扩大，为更多消费者提供购买空间。2010 年 7 月成立的独立电商部门——网购业务部，从线下走向线上，契合大众的消费习惯，向大众化消费方式靠拢。

产品诉求上，"名牌大众化"则体现在真维斯满足符合大众审美消费"口味"：舒适、易穿易搭配并紧跟潮流。真维斯的设计师们将每季的潮流元素适当融入服装中，整体风格力求休闲时尚又不夸张出位，映衬出年轻消费者“低调潮人”的消费需求。

这一点，从各时尚杂志与真维斯对具体款式的描述可见：

此款（真维斯2008年度冬款休闲女装）延续去年风格，开发短装款式，剪裁修身，穿后不显臃肿。运用大胶纽效果，突破传统，整体时尚大方。内配搭彩间毛衣，下搭配任意剪裁牛仔裤，体现缤纷冬季休闲。

此款（真维斯2011年度秋款休闲女装）彩色的帽里格子及前幅的牛角纽在净色的外套身上尽情展现它的时尚个性，而优质的卫衣布料穿着舒适，搭配小脚裤、帆布鞋，清新自然尽显青春气息，又颇有日韩潮流达人感觉。

大众消费得起，是“名牌大众化”的前提条件；“物超所值”是品牌的品质保证，因而真维斯成为大多数人都消费得起的放心品牌。

几十年来，商业化浪潮波澜不惊，其中那些有节奏、有想法的企业，为中国带来了许多宝贵的经验。诸多细节背后的纹路，逐渐形成新的潮流——追寻大众、发掘大多数国人的价值认同。

这种“品牌的常识”无疑对所有身处其中的民众、企业，甚至行业，都是利好消息。

品牌的本分——“保证交到顾客手上的都是一级品”

品牌允许不伟大，甚至可以平庸，但不能丧失本分。它的本分，如做人起码的道德底线，是企业最基本的商业原则。

2010 年，媒体曝出一批服装含有毒物质，一时公众哗然。牵涉其中的企业纷纷展开声势浩大的“危机公关”。真维斯处乱不惊，率先宣布坚持一贯秉持的“无条件退货”原则；然后严格检查问题产品，发现未含有毒物质，果断登报澄清：“真维斯一款黑色裤子在北京工商局这次检测中出现了色牢度问题，但百分之百对人体无害，更不可能有毒。”对产品的绝对自信，使真维斯处理危机时有条不紊。

实际上，工业化时代，但凡生产制造，都不可避免出现残次品，这本身是个绝对命题。而真维斯如何“保证交到顾客手上的都是一级品”？

服装行业上下游涵盖设计、生产、采购、终端零售等环节，彼此联系紧密而又松散，用“现代管理之父”德鲁克的观点来讲就是一种“棒球型组织”：各个环节各司其职，供货人员很难看到设计人员，后者也很少征询前者意见；设计人员完成设计，工厂直接和供货商打交道，成品则由营销部门负责。由此，行业衍生出两种经典的经营模式——“轻资产经营”和“SPA 模式”①。

前一种，侧重设计、推广，把生产和零售外包，依靠品牌、文化、形象等一类“虚拟”的东西支撑运营。“轻资产经营”被许多本土新秀品牌所推崇、实践。这些品牌前端的成衣采购，避开了繁重的生产和厂房设备等固定投入，规避资金风险，显得轻便灵活。而终端，则采用加盟形式，最大限度提高现金回流程度，短期内借势升

① SPA：Specialty Store Retailer of Private Label Apparel，制造商直营零售。1986 年由美国服装巨头 GAP 公司在公司年度报告中为定义公司新业务体制提出。

云，有利于品牌迅速扩张。

相对较少顾忌制造和销售两环节的琐碎事宜，把主要精力投入到研发和推广之中，是“轻资产经营”的优势。然而，产品品质控制则弊端明显：不设自有工厂，把品质控制最关键环节交托于他人，无形中增加了品质风险。

一方接单不是出于对品牌的支持，而只是作为其有利可图的生意。不能要求每一个制造方目光远大，生存并获得利润对他们而言才是王道。换言之，品牌经营者选择哪家工厂代工，绝不是出于对这家工厂产品质量可靠的考虑，更多在于判断生产者能否在其提供的价格下，保质守时地提交货品，这实质就是简单的买卖关系。卖方，尽可能地保证每单利润；买方，又最大限度地控制采购成本。另一方面，劳动力和原料价格逐年递增是无法回避的事实，作为生产者当然希望提高采购价格。不过，休闲服装市场搏杀惨烈，品牌惯打折扣战——这意味着品牌经营者很难满足生产者的愿望，双方矛盾不可避免。

对于生产商来说，成本上升——采购价格不上涨就意味着利润缩水——利润维持不变只有压缩成本——成本压缩，则如何保障品质？所以，无论采购程序有多么复杂苛刻，只要利益双方存在既依赖又冲突的关系，品质的控制都是一个无解的难题。

在下游零售环节，品牌拥有者角色颠倒——他是品牌输出者，卖方；而加盟商交钱取得品牌运营权，是为买方。很明显，买卖双方依然为纯粹的利益关系，这就可能产生两种结果：其一，品牌推广得好——客户认知度高——加盟商挣得到钱；其二，品牌运作失误——市场竞争压力大——加盟商难挣到钱。

结果一当然理想，但不是每个品牌运营者都有能力实现品牌运作的良性循环。假如加盟商陷入经营泥沼，品牌拥有者又如何监督其提供有品质的销售以及售后服务？

湖南口岸副总经理对此印象深刻，1996年真维斯长沙第一家自营店开业时，东塘百货已经有了一个香港和一个台湾休闲服装品牌加盟店。“也许两家店的老板目的是尽快实现赢利，而非长线经营，感觉并不用心。”而后，真维斯在湖南门店越开越多，每年都保持两位数的增长。那两个牌子却早已淡出长沙市场。

至于“SPA模式”，精髓在打通设计、采购、生产、推广、销售这一完整产业链，“纵向一体化”和“横向一体化”交叉并用①，GAP、优衣库、ZARA等国外服装业大佬均采用此模式。生产、销售均由品牌拥有者一手包揽，规避了很多外包环节潜在的问题，品质控制力理应更强。优衣库创始人柳井正在自己的著作《成功无须留恋》中说出了“SPA模式”的经营优势：“把控产业链上下游两点，不用担心和上下游厂商的配合出现问题。”

真维斯“工贸销一条龙”——拥有自己的生产基地、采购中心和零售渠道，和ZARA及优衣库的“SPA模式”相当贴近，不过又有区别。

ZARA和优衣库采用的“SPA模式”主要寄望于革新供货方法和供应链流程，需要敏锐地将时尚转换为销售力，实现产品对市场

① 产业链上下游垂直发展和不同专业分工的横向组合。

的快速反应，重点在商品策划（MD）和销售。正如ZARA所属集团Inditex首席财务官所说："ZARA是时装，而不是什么普通休闲装。"

真维斯"工贸销"的目的却是：在源头消灭可能造成品质缺陷的任何问题，提供经久耐穿的"时尚必需品"。因此，尽管表面上看，真维斯也是"SPA模式"，但它的部分制衣厂与采购洋行虽隶属同一家集团，有共同的老板，却财务独立，自负盈亏。

刘伟文说："我们的零售公司、贸易公司和生产公司彼此分开。我所负责的零售公司通过洋行采购，但如果这家洋行做得不好，那就选择另外一家。其实我们两家洋行有内部竞争，洋行不仅有权力把订单下给自己的工厂，也能从外面找工厂。我们有零售渠道、有采购中心、有生产基地，表面上像'SPA模式'，看似工贸销一条龙又不只是'SPA模式'。"

对于牛仔裤和毛衣等真维斯的强项种类，企业交给自家工厂生产，以达到成本、质量和效率的平衡，但少数并不擅长的品类，则会外包给更具优势的专业工厂。这对于真维斯制衣厂并不"公平"："享受"同样的严格管理，却得不到公司的业务偏向；自负盈亏，又不得不与外面的加工厂争夺自家的订单。

ZARA、优衣库从无到有，真维斯则由旭日代工起家。事实上，真维斯对品质的苛求甚至可追溯到20世纪70年代。积淀，正是那些成立几年或十来年的品牌不可比拟的。

1978年，旭日创业之初设立专门的"制单部"，具体工作就是为每张订单订立制造规格及品质标准，即"制造通知单"和"生产核准办"。生产过程中设不同的检验点，将半成品及时与标准比较，检查符合程度，通过“品质圈”等统计工具分析可能发生的问题，做到“事先预防”，再根据产品成色重做、修补或报废。

大进制衣厂是真维斯出货量最大的内地工厂，起初为国外品牌做代工，积累了一套几乎无可挑剔的质量检测评估体系。1994 年，大进厂引入“布料问题品质圈”和“车缝问题品质圈”，后来也是国内最早推行ISO9000 质量管理体系的工厂。

作为旭日老员工，现任大进国际贸易（香港）有限公司副总经理1978 年进入集团工作至今，他亲身经历了每一次企业的质量管理变革。大进国际贸易（香港）有限公司副总经理说：“真维斯结合实际与国际品质标准，厘定一套AQL2.5[①]查货标准。而服装次品率比很多品牌出口服装都低，能控制在 0.05 以下。”

大进国际贸易（香港）有限公司副总经理现在负责向供应商采购服装辅料，如拉链、纽扣、标签和部分优质成衣。他说：“我们有一套真维斯自己设定的评估标准制度。标准细分到供应商生产环境的清洁、安全健康等，涵盖五大项、上百小项，其中有一项不合格都不行。”

真维斯一直以来都以“直营为主”，现在也有加盟店。当货品进入终端销售，为“保证交到顾客手上的都是一级品”，真维斯有专门的部门负责加盟商的培训管理。新的加盟店开业，会有专人辅导卖场设计、货品摆放、整体运作；开店前集中培训，整个过程持续四周；开业后加盟店亦纳入真维斯自有的电子系统，在真维斯所有门店，顾

① AQL：ACCEPTANCE QUALITY LIMIT，验收合格标准的缩写，即平均质量水平，它是检验的一个参数，不是标准。AQL 值决定抽样数量和合格与不合格产品的数量，AQL 为 2.5，检查水平为一般检查水平，检查严格度为正常检查。

客都能买到同样的产品，享受到同等的服务。

整个流程40年如一日。期间，真维斯品质的标准在不断更新、革新、创新，次品率已做到同行中最低。

品牌的战略——“人无我有，人有我优，人优我转”

经济发展风火运行，市场每天都在变化。聚生俱灭，老的品牌死去，新的品牌崛起。真维斯如何保持每年20%的稳定增长速度，几年后做到一个更大的规模？对此，杨勋说了12个字——“人无我有，人有我优，人优我转”。

表2–1　行动计划的主要要求及指标

	策略	行动计划	主要要求及指标
人无我有	产品创新及渠道突破	研发新产品 开发新市场、新渠道	开发新品种数量 开发新市场，增加渠道数量
人有我优	提高产品及服务素质，务求达至“物超所值”	全面推行优质管理 应用高科技提高工作效率、压缩成本 向客户提供增值服务	顾客满意度、购买度 市场调查结果 产品性价比 产品质量指标 服务水平指标
人优我转	纵向发展	供应链合纵发展	关键业务数量 核心流程、核心竞争力指标
	横向发展	扩展销售网络 扩展生产网络	自营、加盟、网购业务增长 零售店铺数目、覆盖率 优质供应商数量 供应商质量指标
	落实业务、生产成本责任制	独立利润中心核算 成本控制	行业标杆借鉴指标 是否有亏损单位

企业战略之父迈克尔·波特在《竞争战略》中提出“差异化战略”，核心观点是：企业应将提供的产品或服务差异化，树立一些在全行业中具有独特性的东西。差异化战略指导过许多企业从优秀走向卓越，整个旭日集团的发展史就是一部与时俱进、不断完善“差异化战略”的创新史。

旭日诞生的背景正是香港制衣业的“黄金时期”。20世纪70年代，制造业支撑起香港经济半边天，而尤以行业门槛较低的制衣业最为繁荣，高峰时集中了港岛劳动人口的70%。杨钊、杨勋便从这个最蓬勃、最初级的行业入门，开办了旭日制衣厂。

高度繁荣的背后是激烈的竞争。香港制造业建立在出口基础之上，成衣主要销往美国和欧洲。起初，为鼓励企业出口，港府把出口配额授权给商人。旭日成立时，出口配额几乎被起步较早的领先者瓜分完毕。没有配额，就没有出口权，旭日不得不向大型服装企业要订单。

旭日产品可靠，信誉上佳，但“人在屋檐下，必须低头。吃人家剩下的东西，只能赚取最微薄的利润”。杨钊与杨勋就想，“既然最先获得配额的企业能在香港成功，为什么不能把这种模式套用到其他地方”？当时，菲律宾、印度尼西亚等东南亚国家制衣业还属新兴行业，不进行出口管制。但杨氏兄弟明白，随着出口增加，迟早有一天这些地区将实行出口管制，到那时谁掌握出口配额，谁就能获得成功。1978年，成立3年的旭日在菲律宾开设了第一家海外工厂，此后又到不设出口管制的印度尼西亚、孟加拉国和中国内地开办工厂。

这是旭日最早的“人优我转”。

20世纪80年代，香港制造业竞争白热化，企业纷纷转移阵地。这时，旭日早已布局成功，在东南亚和中国内地建立优势，握有大量出口配额，实现了“人无我有”。

大量外来企业涌入，快速拉动了当地制造业，供求关系随之变化。供小于求时，生产商占有主导地位；反之，生产商地位下降，经销商地位凸显。

竞争压力下，制造业不像之前好做，许多服装企业关闭工厂，转做贸易。尽管握有出口配额，旭日也不可避免地受到行业周期带来的冲击，设立了贸易公司。值得注意的是，在向贸易倾斜的同时，旭日没有放弃本行，而是一边保持制造优势，一边巧妙地将工厂、贸易结合起来，创造性地建立内部合作竞争关系。同一集团，各部门既独立又合作——依据市场规律寻找最优合作对象，在外有质量更好、价格更低的代工厂，则将订单外包；同等情况下优先考虑内部工厂。这样一来，内外融会贯通、交叉互补，使生产、贸易更富生命力，实现“人有我优”。

工贸结合的优势在于保证生产、贸易环节的控制力。贸然关闭工厂转做贸易的企业很快发现纯做贸易的弊端，大批企业死亡，部分苟延残喘，小部分则无奈向工贸结合转型。

旭日再一次先人一步，买下“Jeanswest”品牌，涉足零售，均是出自“人无我有”的考虑。在这过程中，旭日完成了“SPA模式”的优化改良，独创总结了许多行业理论。对比那些同时起家或者起步更早的香港制衣同行，旭日始终处于浪潮之巅。

许多外来服装品牌进入中国，多半亲历亲为，不会设立加盟连锁，真维斯一开始也是如此。

中国市场较欧美地域广阔，人口基数庞大，一线城市与二、三线城市、中西部与东部地区消费能力存在差异，每一个细分市场情况各异。换句话说，不是外来品牌不愿意做加盟连锁，而是不知道如何去做。GAP、ZARA、H&M、优衣库，四大外来品牌均是直营。对于它们而言，建立直营网络，已是浩大工程。

不过，真维斯进入内地市场更早，建立的销售网络更广，相比“外国部队”，品牌市场开发早已“人有我优”。开拓进入纵深阶段时，在二、三线城市以下市场，真维斯灵活变动策略，引入加盟，借助加盟商地方资源打开市场缺口，“四两拨千斤”，实现“人优我转”。

“人无我有，人有我优，人优我转”不仅贯穿于企业历史的决策发展，还表现在企业发展的方方面面。培养后备人才上，真维斯“人无我有”，具备其他同行没有的优势开办了自己的服装专业教育。

1987 年，旭日在惠州开办了一所服装学校，几经变迁，后被并入惠州学院服装系。20 多年来，惠州学院服装系的许多毕业生都进入真维斯工作，“现在总部 1 400 多人，三分之一来自那里”。

1992 年，旭日不惜重金，聘请香港理工大学纺织及制衣学系为顾问，协助推行ISO9000 计划。从高层到普通职工，上下协力，仅 18 个月就取得ISO9000 证书，而当时内地多数服装企业对ISO9000 这项国际质量标准还闻所未闻。大进制衣厂 1994 年引入“品质圈”管理方法时，内地还没有像样的服装企业，香港服装界也刚开始探索质量管理。1995 年，香港同行亦步亦趋地摸索ISO9000 之际，旭日获得全中国制衣业的第一张ISO9002 品质认证书。

通过认证后，杨钊撰文总结："现代化社会中，竞争激烈，每时每刻都有后来者居上，如何保持企业的江湖地位？如何令企业立于不败之地？其法则是改善，不断改善。"

如何改善？宗旨是保持优点，改正缺点。如何达到"人无我有、人有我优、人优我转"这个目标？则要依靠管理，也即目标管理。

为什么要实施目标管理？

一、为了提高效率，保持竞争力；

二、企业庞大，人员众多，为了统一认识，增强凝聚力；

三、作为衡量效率的标准；

四、提高透明度，令全体成员知道方向，共同努力，发挥众人力量；

五、克服企业只靠几个人的封闭式管理难题；

六、克服自我为中心、各自为政的懒散作风，增强合作精神；

七、激发自主创新的精神；

八、培养各级主管独当一面的能力。

目标管理的内容包括：

一、做何事；

二、谁人负责；

三、什么时间完成；

四、工作的进度；

五、定期检讨。

目标管理的工具：

一、设立生产责任制（包括销售责任制）；

二、设立成本责任制；

三、财政预算；

四、现金预算；

五、每月的财务报告；

六、设立考核制度：有功者奖，有过者罚。

目标管理推行的形式：

一、由命令形式转为合作形式；

二、由控制转为协助；

三、由考核到共同评定。

目标管理应注意的问题：

一、订立的目标必须实事求是，不能过高或过低；

二、不能流于形式，不能有只求交差的思想；

三、目标不应缺乏弹性；

四、不能由个别主管包办代替；

五、不能把目标管理作为惩戒或为难各级主管的手段；

六、不能期望目标管理解决一切管理上的问题；

七、必须持之以恒。

不找代言，品质就是最好的“广告”

500 万元的代言费，500 万元的广告费，1 000 万元的推广费砸下去投入产出比有多少？

高额代言费以及持续的广告投入，会不会无形中转嫁给消费者？

在一个明星被过度消费、广告泛滥的时代，不代言、少广告的品牌生命力是否必然萎缩？

时代由人缔造，悲伤与激荡，离不开人的影子。进入商品经济的深水时代，快速消费品企业对于“广告明星”的依赖甚至达到“迷信”的程度。在他们看来，品牌要有性格，而性格必须由人来体现，这就是“形象代言人”的精神渊薮。

国内市场上大多数休闲服饰品牌都热衷于“形象代言人”。谁都明白，真正的美誉靠产品口碑积累，而非市场宣传。然而，竞争高度同质化的今天，大家在乎的只有终点，而非过程。休闲服饰重金邀请明星成为其“形象代言人”，俨然成为行业显规则。此举在扩大品牌知名度、吸引更多用户方面，确实有着可观的眼球效应。

有意思的是，在对待“代言”态度上，真维斯有些“实在”，不再是“人无我有”或“人有我优”——你找某某明星，那我就找更大腕的——而是“人有我无”，从未请过代言人。

刘伟文说：“我们商业推广投入比竞争对手低。毕竟代言费、投放广告、推广的钱都是从商品利润而来。品牌价值推广后好像提升了很多，但这部分是虚的。真维斯坚持一点，我们觉得不应该过分对品牌无形价值进行投资，反过来希望顾客购买付出的价钱绝大部分就是产品本身。这也是我们理解的‘物超所值’。”

一项市场调查显示，整个休闲服饰行业每年的广告开支约占销售额的3.5%，以100亿元销售额计算，行业平均广告成本为3.5亿元。以一条150元的牛仔裤为例，广告成本大约为5元。

也许在有些人眼中，一条裤子平摊下来几元钱的代言费微乎其微。然而对于年销售5 000万件T恤衫、裤子、卫衣和配饰的真维斯来说，集腋成裘，这又是一笔多大的让利？沃尔玛创始人萨姆·沃尔顿也曾明言：“有人问我，今天的沃尔玛公司取得如此大的成功，已是一家拥有500多亿美元资产的公司，为什么还要精打细算？答案很简单，因为我们珍视每1美元的价值。我们的存在是为顾客提供价值，这意味着除了提供优质服务之外，还必须为他们省钱。如果沃尔玛公司愚蠢地浪费掉1美元，那都是出自顾客的钱包。每当我们为顾客节约了1美元，那就使我们自己在竞争中领先了一步。”

此外，杨勋认为，“代言人”是把“双刃剑”。许多休闲服装品牌常规刻板地将目标消费者定位于“18~25岁”的年青一代。代言人选择多为迎合这一群体，靠明星提升品牌人气，但休闲不是年轻人的专利。有行业观察者指出：这些品牌定位窄众化，除年轻人有可能趋之若鹜，其他年龄段的消费者显然与这些品牌的代言人气质相去甚远。如此一来，品牌受众反而缩小，代言广告成本加大。

真维斯20年的品牌销售实践得出“物质越发达，生活水准越高，接受休闲概念的人也越多”的价值理念。而源于对真维斯品质的信任，20年来真维斯积累了一批忠诚顾客。

随着这批人年纪增大，不但他们继续选择消费真维斯服装，同时也将其子女培养为品牌的忠实客户。所以现在，真维斯的核心目标顾客群锁定18~25岁，年龄段横跨16~40岁。

“没有哪位明星可以代表所有的消费者，”杨勋说，“真维斯做‘时尚的必需品’，款式既适合年轻人，60%的基本款也符合年轻人父母的审美标准。”真维斯各口岸门店，经常有三四十岁的家长带十几岁的孩子来买衣服，最后结账时还多半会挑上几件自己满意的衣服。

不请代言直白地说就是“物超所值”和“名牌大众化”的延伸，而这些品牌价值的延伸，使得客户的口碑相传效力发挥到几近极致，既有横向的群体传播又有纵向的代际传播。

口碑效应，是企业发展的关键要素。高知名度并不能与好口碑直接画等号，广告能砸出高知名度，未必能砸出好口碑，品牌是口口相传的结果，真维斯恰到好处地印证了这一点。

“一些国际知名品牌的塑造时间跨度基本长达50年，甚至百年之久。通过岁月积淀出来的品牌效应，国内企业不可能在三五年内望其项背。即使企业有强大的创新能力、企业家有出众的管理能力，再辅以大量的广告、策划投入，品牌也不可能在短时间内含蕴一个百年品牌所凝结的历史寓意。与其这样，不如脚踏实地，本分地做好品质，让顾客对我们的认可从一代人过渡到下一代，最终真维斯也可以基业长青。”杨勋如此认为。

其实，真维斯内部多次讨论“品牌宣传不如找个代言，简单省事”。但杨勋始终坚持，既然真维斯长期发力于服装行业，不如做一些有助于行业的东西。

于是，从1993年开始，真维斯举办每年一届的“中国真维斯杯休闲装设计大赛”，至今已持续20年，“中国学服装设计的学生、新锐设计师，一提起真维斯杯大赛，基本上都知道。”比赛中脱颖而出的服装设计师，除个别留在真维斯外，他们大部分要么选择去了真维斯竞争对手的企业，要么独立创业、自创品牌。

不请代言，少投广告，并不意味着不推广，不做广告。品质再好，口碑再佳，真维斯毕竟是休闲服装品牌，跟随潮流，也需要与时尚、娱乐建立关联。2009年，真维斯高层反复斟酌选择，认为光线传媒《娱乐现场》节目“以正面的、客观的方式播报娱乐新闻”，恰好符合企业品牌内涵，娱乐新闻的报道对象涉及所有年龄层次的明星，不会造成品牌定位的困惑和窄化。从那年起，真维斯冠名《娱乐现场》持续至今，形成了一个独特的文化品牌。

此外，真维斯极其热心公益，尤其热衷赞助教育事业。消费者不会想到，购买质优价廉的真维斯服饰的同时，实际上也为教育和社会出了一份力。实实在在经营企业，诚诚恳恳回报社会，就这一点，无疑无论多少广告、多么大牌的明星代言都无法与之相提并论。

“羊毛出在羊身上”，当红明星代言说到底就是生产商玩的障眼法，品牌推广带来的成本上涨最终还是会摊到消费者头上。

100多年前，美国“百货商店之父”约翰·沃纳梅克在经营中发现：“广告上的投资有一半是无用的，但问题是我们不知道是哪一半。”苦苦思索过后，仍推导不出答案，沃纳梅克干脆不理会这个营销界的“哥德巴赫猜想”①，转而将顾客放在第一位，努力降低成本，

① 需要声明一点，约翰·沃纳梅克的“哥德巴赫猜想”绝不是说广告无用，而是如何最大限度挖掘广告投入的有效性，至今依然无解。

包括削减广告开支，向顾客提供质优价廉的商品，并开创商品退货制度，对顾客不满意的商品无条件召回。最终商店业绩大幅提升，连锁店越开越多，他也成为“百货商店之父”。

至于不代言、少广告的品牌生命力是否必然萎缩，国内从评选年度十大休闲服饰品牌以来，无论市场占有率还是顾客认可度，真维斯每届必进前十且排名靠前就是最好的证明。

没有不变的概念，只有不老的品牌。排名就是最佳的证明，这不也恰恰反映出品质就是最好的广告吗？

真维斯是“本土”品牌

一位顾客指着标价 66 800 元的某国际名牌皮带问售货员：“这个没有标错吧，怎么这么贵呢？”服务员说：“没错，那是真皮的。”顾客回答：“一头老黄牛才多少钱，那全是真皮。”调侃的语气道出了一个尴尬的现状：在品牌追随的过程中，虚妄的价值观大有驶入歧途的意味。

1992 年，旭日集团将真维斯引入中国内地。当时内地崇洋之风盛行，一些现在看来毫不稀奇的舶来物的出现，都会引发近乎变态的追捧，国外的东西似乎理所当然地代表了中国人已加入新生活方式。

1987 年，第一家肯德基餐厅在北京前门开业。当天天气寒冷，飘着雪花。由于等候的人太多，工作人员不得不求助公安人员维持秩序。门口排队的人绕了一圈，排队近一个小时才能买到一块原味鸡，可人们兴致盎然。事实上，在肯德基前门店开业的很长一段时间里，一直都处于这种状态。最有趣的事情是，每个周日肯德基三楼都会举办婚礼。在快餐店举办婚礼，大概是世界奇闻。不过那时候能到肯德基举办婚礼，在北京是件很有面子的事情。

大环境的消费现实有些荒诞。耐人寻味的是，真维斯进入内地时却定位为“本土”品牌。其实，直接沿用澳大利亚的种种经验无疑更迎合国人的消费趣味，何况真维斯在那儿的经营已入佳境。

现实却是真维斯从未主动宣扬过品牌根源，当然也未刻意回避。原因有两点：

其一，真维斯扮演的角色是自己，要以产品而非出身打动人；其二，杨勋说，“我们要建立一个中国自己的品牌”。

在当时，不是所有人都如杨勋这般，洞见奥妙，真维斯内部对此还发生过激烈争论。

现在很多真维斯高管对当时的情形记忆犹新，刘伟文说：“真维斯开第一家店之前，公司开过一次头脑风暴，多数人主张招揽澳大利亚运作团队，复制澳大利亚定价模式，对外宣传真维斯是‘香港人管理的澳大利亚品牌’。杨勋打断了大家的讨论，拍板‘真维斯是中国品牌’，管理人员要从本土培养，定价和设计必须符合内地消费者的口味和需求。”

美国政界流行一句话，“所有的政治都是本土政治”。商业何尝不是。

“澳大利亚Jeanswest成熟，做牛仔为主，有点类似李维斯。内地真维斯定位为休闲品牌，贴近中国人的体型和审美。”刘伟文回忆。所以从一开始，真维斯就针对国内市场，本土化设计、本土化生产，在内地成立了独立的设计、开发、采购和经营团队。从这一刻起，真维斯正式开始本土化征程。

当然，这注定是个漫长、艰辛的涅槃过程。

首先，在与消费者购买力息息相关的价格上，真维斯作出了相应的本土化调整。

尽管当时国内的一条牛仔裤价位还在 50~90 元，真维斯 180 元一条牛仔裤“是很高的价钱”。但在澳大利亚，真维斯最便宜的牛仔裤都要 60 澳元，相当于 400 元人民币，最贵的能卖到 650 澳元。再后来，真维斯全线产品价位下调，贴近国情，价格更中国化。

本土化还有一个关键点，不能偷换概念——“品质”。山寨手机也是“本土化”的产物，庞大的村镇市场需要这样价格低廉、功能多样的产品。可品质问题却始终像一个魔咒，这样的本土化产品无法提供更好的设计、安全性以及售后服务。显然，真维斯的“本土化”不只是价格一个方面的适应，而是在价格、品牌、服务、品质等多方面的平衡。真正的本土化，也理应如此。

今天的真维斯在“老家”澳大利亚、新西兰还有 200 多家连锁店，寸土寸金的新加坡、迪拜等国际都市同样可以买到真维斯的衣服。但这个“come from Australia”的“洋品牌”更自豪于“made in China”，并近乎固执地相信，“世界各地卖得最成功的服装都是本土品牌。国人形成‘中国品牌好’的普遍共识，当然不会在三五年实现，但长远来说，当人们对国家越来越有信心时，对自己的品牌认同感也会越来越强”。

这真是一个饶有兴味的对比：有的企业借助“洋品牌”、“设计理念”、“先锋”，吸引追随者；“洋品牌”的真维斯却逆向思维，不宣扬外来身份，而突出本土价值，扎实地满足内地消费者不断变化的需求。

品牌经验：杨勋的坚守与创新

JEANSWEST

一个品牌能否从萌芽、抽枝到枝繁叶茂，企业家是否懂品牌至关重要。

但是，企业家对品牌的理解各不相同，有人理解为名片、广告与赚钱的噱头，而杨勋则视品牌为信誉、责任与成长性。

至于品牌进化的过程，吉姆·柯林斯将其描述为“抽枝和剪枝”，“如果你在一棵树上添加足够多的新树枝（变化），并且聪明地修剪掉枯枝（选择），那么你可能使其长出生机勃勃的枝条，且它们极有机会在持续变化的环境下枝繁叶茂”。杨勋的考虑则更简单：就是坚守一条有效的商业原则——“交到顾客手上的都是一级品”和给顾客“物超所值”的购买体验。

保证产品的品质，最终表现在能否通过精准定位获得顾客心智上的认同。随着宏观环境、社会文化变革以及潮流引导的不同，顾客的购买需求不断变化。同时，行业同质性也在不断增加，更多竞争者涌入。为保持顾客对真维斯的忠诚度、吸引新的消费者以及在同质性中建立区隔，真维斯又一直坚持“人无我有，人有我优，人优我转”的策略。

不过，在品牌定位进行创新的过程中，真维斯也可能会出现些许偏差。

真维斯“抽枝剪枝”中，曾出现过完美的战略——将精品高端时尚品牌与大众化结合起来。而有的时候，完美主义恰恰会遭遇现实的本能反击，并不能善始善终。

杨勋果断地中止了品牌战略的完美主义，将真维斯品牌准确定位为紧跟潮流的大众化品牌，“我们的定位就是‘名牌大众化’，这是我们的灵魂，我们的目标就是让广大的消费者都能穿得起我们的衣服”。通过对高端市场品牌的切割，杨勋以“本土化”指导“大众化”，成功击中目标群体的购买心智。关键时刻，掌门人体现出大船“舵手”的智慧与魄力。

坚持正确有效的品牌原则，祛除、拒绝无效或价值偏低的商业模式，这是杨勋领衔下的真维斯品牌的进化路径，也是真维斯要做到持续发展必经的成长路径。

JEANSWEST

第三章

市场到底在哪里？

巨大的机会市场，骨子里“普天之下莫非王土”的情结，中国企业的头头们个个游走于政府、市场、企业和消费者间，追求“财富500强”的帝国梦，拼命地做大做快。

做品牌只是手段，打市场只需技巧，而企业最终目的无外乎上市圈钱，证明自己“很强、很大”。不少“著名企业”背后的市场逻辑就是这么复杂却又简单。

可市场究竟是什么？又到底在哪里？

中国“派”越来越大

这个国家表现出令人意外的朝气，让我们相信进步不可避免。

2004年，全国服装行业工作会议上，一份题为《紧紧抓住和用好重要战略机遇期，大力推进中国服装名牌战略》的行业工作报告指出：中国服装业完全有条件进入大力发展自主品牌、提高产品附加值的名牌战略新阶段。

同年，一家温州的本土休闲服装品牌离开成长地，将总部迁往上海，寻求更明确更闪亮的舞台；另一家则在温州举行了工业园竣工暨集团乔迁庆典，出席庆典的品牌研究者艾丰说：“中国不乏能制造好产品的企业，但更需要能够制造品牌的企业和企业家。”

外来企业也在加速扩张。年底，迅销（中国）商贸有限公司成立，优衣库以此为平台，开始了在中国内地的开拓之旅。疾风速浪，中国市场是如此诱人。

外围和本土品牌蓄势待发时，十多年前，真维斯对内地市场已然作出了自己的预测与判断。

1993 年 5 月，内地第一家“真维斯”门店在上海老西门开业。而在澳大利亚，Jeanswest 总部迁到第二大城市墨尔本。两件几乎同时发生的事情在今天看来意味深长。

影响市场规模的因素很多：经济发展水平、收入水平、消费能力……所有因素均建立在一定的人口基数上。人口是市场繁荣的必要条件，其中作为生活必需品的服装，市场规模对人口基数的依赖性尤大。一般而言，人口越多，服装市场越繁荣。

Jeanswest 诞生之初，澳大利亚东部有一家相似品牌，为避免竞争，Jeanswest 立足澳大利亚西部，双方互不打搅。澳大利亚西部地广人稀，上规模的城市仅有一二；东部相对稠密，有悉尼、墨尔本等大都市。1990 年，西部局限性凸显，Jeanswest 增长停滞，旭日全盘收购后，Jeanswest 总部迁往墨尔本，大力开拓东部市场，从而摆脱困境。

近 20 年的发展，Jeanswest 门店数量几乎达到极致。鲍仕基说，“澳大利亚再没办法多开了”。这时，中国的优势便显现出来，进入内地短短四年，真维斯内地门店数量达到 500 家。

澳大利亚人口规模在 2 000 万上下，只相当于上海一个城市的水平，而且人口分布还呈两极分化趋势，或集中于悉尼、墨尔本这样的大城市，达百万级别；或散布乡间零零散散。只要人口不低于 3.5 万规模的城镇，真维斯就会考虑开店，即便这样下来，200 家门店已趋向饱和。鲍仕基坦言，“澳大利亚市场有限，人口少，销售增长不如中国，在中国一年的销售增长可以有20%，而在澳大利亚有1%~2%的增长就很不错了”。在中国，真维斯开店最低标准是30万人口，“没有30~50万人，我们不会开店”。更关键的是，中国经济处于上升期，国内生产总值年均增长率保持在8%左右，国民收入与消费能力处于同步增长阶段。

截止2011年底，真维斯全国门店数量约为2 800家。企业内有人开始担心未来市场份额下降，“店铺接近3 000家了，还有多少空间”？

针对顾虑，杨勋让他们去调查，结果发现，“内地城市化进程加速，开6 000家店都没有问题”。杨勋说，“中国‘派’越来越大，未来10年，中国这个市场就已经够我们干的了”。

一个细节值得注意，门店已遍布内地大中城市，2011年真维斯才在香港开了第一家直营门店。

杨勋解释：“中国内地市场那么大，都没有开拓完，何苦为了‘面子’去开发一个容量不大、成本又高且还难打入的市场？”现在开出香港第一店，一是内地开店成本已经与香港不相上下。特别是租金，有的香港商场比中国内地二线城市还便宜，此时开发，就有价值了。二是旭日有地道的香港血统，内地发展20年后，有必要在“原籍”占一席之地。

反之对比，有些服装和鞋类企业，国内市场工夫还远未下足，却在巴黎、东京等国际时尚之都开设旗舰店，然后以此镀金，回国宣传。“这是对市场的理解？对品牌的用心？对顾客的尊重？”乐观但不盲目，自信而不自负，这是真维斯20年来总结出的“务实之道”。

衣柜里的“二八定律”

意大利经济学家巴莱多提出过一个“二八定律”，大意是说，任何一组事物，最重要的只占一小部分，约20%，其余80%尽管占多数，却是次要的。

引申到中国服装市场，真维斯准确领会衣柜里的“二八定律”——打开衣橱，大部分的人有一两件相对潮流的衣服，但80%都是平常能穿的，很舒服、很自然的衣服。

2002年真维斯战略转型，所针对的就是这80%。

这部分消费市场在哪里？年轻人，比如在校学生；有一定经济实力的，包括和真维斯品牌一起成长的客户、行事低调沉稳又需要时代新鲜色彩、品质感的人群。

最初，内地没有休闲概念，衣服不讲求设计感和流行元素。真维斯为冲击一片单调色彩的市场，无论款式、设计还是用料、价位，都较高端，服装大多选用亮丽色彩，市场定位属于20%的那部分。时代特性使然，真维斯刻意为之，轻松占领了市场。

几年过去，服装市场休闲成风，当年行之有效的设计元素和款式组合也不再独特，色彩鲜艳已经成为“树顶上的猴子”。换句话说，休闲服装成了衣柜里的那80%，继续“引导潮流”不合时宜，真维斯果断从尖端引领退而稳步跟进，开始“名牌大众化”。

简而言之，顾客的衣柜，是市场的最终归宿，也是市场的起点。真维斯分析得出：

第一，由盲目购买昂贵的洋品牌作为个人身份象征，转变为理性购买价格平缓、品质可靠的大众化品牌。

第二，由热衷于款式出位、色彩鲜艳的服装，转变为追求融入了舒适、百搭、穿着周期长的产品；对商标产生明显抵触，更欣赏具有品牌自身性格的衣物。

第三，由单线选择人流集中的商场购买服装，转为多元化消费，包括商业街专卖店、超市卖场等场所。

第四，20%的消费者属于潮流先锋，前卫时尚；80%的消费者，对潮流理解中性、客观。后者构成了休闲服装市场的消费主体。

第五，二、三线城市居民构成了80%消费群体的主力。

先“清楚顾客要什么”，真维斯顺势而为，将品质化、大众化、可日常穿着的衣物作为生产核心；兼顾20%多样化、个性化的市场需求。同时，“稳固一线城市，布局一线城市周边地区和二、三线城市”。以上海口岸为例，真维斯在上海的南京东路、中山公园等中心区域拥有店面，保持这些网点的赢利能力，并将发展重点放在外围的松江等地。

针对一线城市和二、三线城市不同的市场环境，真维斯所实施的策略各有侧重：一线城市消费者的消费习惯相对固定和成熟，市场开发潜力不如后者，因此主要通过降低租金占比来增加毛利空间，以达到稳固市场的作用。二、三线城市侧重布局，面对的是潜力市场，充满未知且颇具挑战性。从上海总经理提供的2003~2004年上海口岸销售业绩数据对比不难看出策略的实施效果。

表 3–1 2003~2004 年上海口岸销售业绩数据对比

	上海口岸			环线内店铺（一线城市位）		环线外店铺（二、三线城市位）	
	销售	租金	租金占销售比（%）	销售	租金占销售比（%）	销售	租金占销售比（%）
2003 年			12.0		18.1		9.2
2004 年			12.0		17.2		10.6
增幅（%）	+26.7	+26.3	–0.03	–13.9	–0.9	+46.0	+1.4

从整体数据来看，销售收入增幅（26.7%）略高于租金增幅（26.3%），租金占销售比略有下降。细分为环线内店铺和环线外店铺时，“稳固和布局”策略凸显。

环线内店铺租金占比降低了 0.9%，与此同时，环线外店铺租金占比增加了 1.4%，不过租金占比的上升远远低于销售增幅（46%）。由整体数据不难推断，二、三线城市布局对 2004 年上海口岸销售增长贡献率极大，功不可没。

经营“时尚的必需品”

在商业世界里，看似南辕北辙的两种元素、概念若搭配得当，则往往体现出创意。

多年以来，李仲安对内地的消费者有着一个极深刻的印象：“90 年代初期，很多中国人希望有一件梦特娇的T恤，他们觉得外面进来的就是好东西。”

“外来的就是好的”，这是商业朦胧期，内地消费者最粗放和朴素的看法，好在哪里似乎并不重要。正是这些“外来的”构成了消费者关于时尚品和必需品一个泾渭分明的界定：

时尚品：价格不菲的、稀有的、尖端的、少数人享有的；

必需品：价钱便宜的、大众的、普及的、多数人能消费的。

前者如梦特娇一件三四百元的真丝T恤，真维斯一条200元左右的牛仔裤；后者价格则应该在五六十元，甚至要更便宜。对大多数人来说，时尚品可有可无，昂贵却“挠人心窝”；必需品非买不可，实惠但“难让人激动”。二者看似毫无交集，商家的通常做法也相当极端——或者天价骇人、或者廉价倾销。

最初的真维斯扮演着与梦特娇别无二致的角色。

然而，世易时移，真维斯产品定位也随之而变：从“三角形”消费人群的顶端向下扩展，积极寻找“中间地带”，满足更多人“用必需品的价格得到时尚品的享受”的需求。

柳井正说过：“我们设计的衣服，是为配合形形色色的人……男女老少都能轻松穿出门……就像可乐、啤酒或是咖啡，和其他的消费性商品没什么两样。”优衣库的策略是“便宜有好货”，关键在于将时尚与必需结合起来，这样的企业皆能成为个中翘楚。苏泊尔汤锅每口卖到1 000元依然被接受，因为与“双立人”动辄数千元的昂贵厨具相比，苏泊尔既有后者的时尚概念，又有相差无几的品质保障。这口千元汤锅就是处于中间地带的“时尚必需品”。

在一次产品研讨会上，大进投资推广部总监提出了一个概念：“一款服饰在市场里广泛被顾客接受，它既有潮流元素，但又不走在潮流最前端。打个比方，瘦腿裤、窄脚裤从前是极潮的人穿，但现在很多女孩子已经接受这种裤型。它们与潮流搭界，价格却处于大众能负担的水平，几乎每个女孩子的衣柜都有此类裤子。这类服饰便定义为‘时尚的必需品’。”

这正是真维斯的市场逻辑：消费者衣柜中，80%的衣服是“平常能穿的”。如果“80%的必需品”不但洋气，兼备时尚，售价还亲民，顾客的消费潜力便自然能被激发。

就像萧志昌所言：“假如月收入3 000~5 000元人的衣柜里面都有我们的衣服，那将是很大的市场。”并且，“衣服不可能三年不换。你说你扔掉一件几十块、一百块的T恤容易，还是淘汰掉一件上千块钱的衣服容易？”

市场的逻辑确立，可怎样经营“时尚的必需品”却是另一个层面的问题。其间，诸多奔涌大事暂且略下不表，倒是某些“细枝末节”透露出了真维斯的商业微曦。

1998年，李仲安正式加入大进投资，负责真维斯亏损严重的广东口岸。

真维斯在内地发展已四年有余，战略路线“由北向南，全面开花”，但南方市场货品结构仍以北方为主。“（广东）天气挺热，我们店铺里面还跟中部一样，没有短袖。”“橘生淮南为橘，生于淮北为枳，叶徒相似，其实味不同。”可想而知，水土不服，困局并非怪事。

一切成功的商业案例，秘密都在于细节。“时尚”与“必需”两种诉求结合的过程，品牌必须关注场外因素。中国市场因地域与气候不同，分为南北，区域差异是一个关乎二者结合能否得到市场认同的关键。李仲安从细微处入手，大胆向张慧仪建议，把大进管辖市场重新分为“南、中、北”三块，在操作层面区别对待。

针对地域跨度带来的各种差异，真维斯专设的商品开发部根据不同地区天气变化、消费人群的穿衣习惯以及地区潮流度和敏感度的差异等方面，进行货品的开发与调整。

南部地区、中部地区和北部地区换季时差别明显，同一月份的货品在厚薄度结构组合上会各有偏重，开发时亦会加入适销的厚度。比如，秋季开季，中部地区多在9月转凉，北部地区俨然入秋，气温明显低于中部。故开发时，北部所备货品较中部地区稍厚。南部正处夏末，天气炎热，夏季货品仍为主力，且此阶段仍需开发一些夏季的新货品，配合南方地区的市场需求。

穿衣习性方面，多数中部地区和北部地区入冬后均有供暖，室内外温差较大，进入室内不再穿着外套，直接着里衣。冬季这些地区的消费者内穿的衣服亦要求较高的可观性，对保暖性的要求相对较低。南部地区由于没有暖气，消费者的内穿衣服更为强调保暖性，美观性也是消费者考虑的一个方面。

各地区对潮流度、敏感度的要求也有所不同。产品开发时，真维斯商品开发部的工作人员也审时度势，根据情况分配合适的“基本、时尚、潮流”(以下简称“基、时、潮”）颜色，迎合当地的市场需求。

除了气候、穿衣习性，颜色也是细节之一。

差不多用了三年，大进摸清了各口岸顾客的消费口味。张慧仪举例说：“河北口岸，销售数据显示，虽然鲜艳颜色有助推广，最后成交的多是比较平实的颜色，所以我们下单鲜艳的颜色少一些，女装领口不能太大，热裤的数量要比短裤少。而即便在同一省份，我们还要细分，城市商业区或城市边缘，店铺潜在的顾客也不一样。根据结论，我们重新配定货品。”

真维斯曾创造“蓝色旋风”，从品牌标志开始，以醒目颜色打开市场。待品牌理念定型，真维斯仍依据不同地域消费者对于颜色的不同喜好，在主色调之上加以细微变化。

2000年，南宁一位真维斯VIP顾客回家路过一家开业酬宾的某品牌专卖店时，惊人的打折让利让这位有着4年真维斯消费史的顾客还是忍不住走了进去。进店后，她注意到店里有许多不同于真维斯的服装款式，理念超前，价格却相差无几。她动心了，挑选了两件T恤衫。可是这位顾客回家后把衣服丢进洗衣机一洗，发现她买的两件“潮品”居然褪色。

有些品牌会以真维斯为参照物，它们同样标榜自己“能以必需品的价格让消费者享有时尚的服饰”。其实，“时尚”与“价格”确实是，但不只是“时尚必需品”的核心竞争力，品质才是终极王道。

时尚的、便宜的、更体贴入微的、有品质的，这才是“时尚必需品”的完整定义。

从引导潮流到紧跟潮流

日本服装界有这样一种说法，“你永远不知道下一个流行的服装趋势是什么”。行业中有许多鲜衣怒马、雄心勃勃的领路者，通过品牌定位与广告暗示，试图扮演潮流的引导者，但鲜有企业在每一季都能走在最前端。即便当今全球最成功的时尚品牌优衣库、ZARA和H&M，也因无法预测下一波潮流，不得不快节奏推出新产品，“贴近”而非“引导”潮流。

江山轮换、万马奔腾，商业方向似乎更执著于品质的坚持、模式的变革，而不是简单的概念引领。真维斯也当如此。曾几何，真维斯设计团队讲究灵感迸发，不拘一格。而今却一再声称“跟随潮流”，宁可舍弃前卫元素，这中间有着怎样的玄机？

大进投资商品开发部总监进入真维斯前从事前卫服装设计。久而久之他发现，“设计流行的东西很容易，想到什么做什么。最前卫的衣服最终归宿只是T形台，推向大众市场的东西反而是最难的”。

T形台是服装设计引领潮流的舞台，问题是，真正穿那些衣服的，除了模特能有几人？只有被市场证明可行的潮流才具有商业价值。真维斯紧跟潮流一方面是出于规避“潮流或被市场证伪”的风险，另一方面则是出于抢占市场的考虑。

引领潮流成本变得高昂，杨勋说：“一件事，既不利人（没有市场）也不利己（成本高昂）的时候，其实非常危险。”

对大部分普通消费者而言，当他们感觉到潮流的时候，其实潮流已经走远。比如格子式样，“从小的格子，到宽的格子，第三个潮流可能也开始了——几个颜色做在一起的格子”，但有多少人注意到了它们的潮流进化？

另一方面，潮流从开始到普及再到结束有时间差，而潮流本身可能有一个周期循环：“过去10件衣服，7件小格，3件大格；现在5

件大格，4件小格，1件混色；慢慢地，当全部都成混色时，又可能开始走回小格。”潮流的这种反复性更让“引导”变得不确定和难以把握。

确定“紧跟潮流”，那么该如何跟？又跟什么？真维斯商品开发部门负责产品设计、开发，下设市场调查组、资源开发组、资料统计组、资讯分析组和设计组，分工协作，解决问题。

真维斯每月都有开发人员赴欧美、日本，收集最新的潮流资讯，再结合本土市场汇集的调查报告，根据市场及客户需求，设计出产品初样。为降低风险，真维斯会试单，先检验市场反应好不好。事实上，一款服装单品上市要历经多个环节，从设计到样品再到大规模推广上市，需要经过工厂、商品开发部以及管理层的多次讨论、决策，才得以最终确定，整个流程见图3–1。

真维斯不仅“紧跟潮流”还“紧跟时代”，总结出一条不会因潮流变迁而过时的设计经验：服装时尚、潮流、复杂的程度与整个经济形势挂钩。举例来讲，工艺复杂的款式，经济好的情况下，贵一点没关系；经济形势变差时，款式相对简约、容易搭配、色彩艳丽、价格实惠的服装更受欢迎。

这一点，从经济学界“裙边理论”中有章可循。美国宾夕法尼亚大学经济学家乔治·泰勒指出：“经济增长，女人会穿短裙，她们要炫耀里面的长丝袜；经济不景气时，女人买不起丝袜，只好把裙边放长，掩饰没有穿长丝袜的窘迫。”

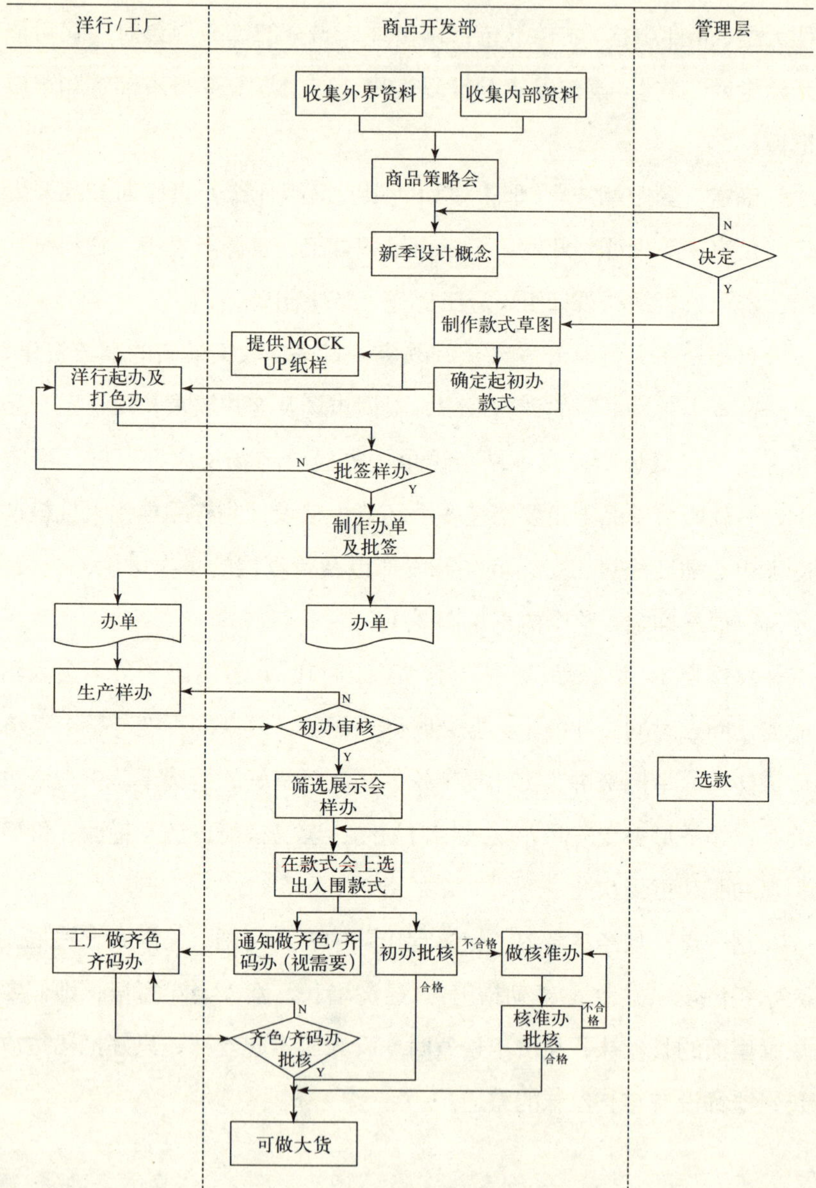

图 3-1　真维斯服装上市流程图

一家肯为消费者花费心思的企业，不但会将消费者的年龄、品味、习惯、体会等融入到服装的设计中，还懂得把握社会情境，并以服装为媒介与消费者进行悉心周到的“同理心呼应”。所以，判断出形势不好时，真维斯往往会推出一些款式简约、颜色鲜艳的衣服，价格便宜，方便穿着。

近几年，中国经济增长保持强势，“到法国、香港买名牌的多是中国人”。这样的背景下，真维斯加速款式转变，加快供应反应，调整“基、时、潮”服装比例，因时制宜。

中国第一店，居然在西安

2006 年 5 月，ZARA 在上海南京西路开设了中国内地第一家旗舰店。

4 年后的 5 月，优衣库亚洲旗舰店进入上海南京西路，3 300 平方米的营业面积堪称优衣库全球之最。

同年 11 月，内地首家 GAP 旗舰店在上海淮海路开张，面积达 1 140 平方米。

2011 年 5 月，H&M 中国旗舰店在上海南京西路开张……

不仅如此，多数本土休闲品牌有意无意地也把上海作为“主战场”。上海滩烟尘四起，旗帜林立，南京路、淮海路俨然成为各路时尚休闲服装品牌的“必争之地”。占据高地——这就是优衣库们对中国休闲服装市场的直接攻略。

在一众品牌之中，真维斯算是最早进驻上海南京路的，在当时曾引发一股追捧热潮。

因循一般的商业逻辑，既然有如此美妙的开局，自然该穷追猛打，扩大战果。然而，真维斯的“全国第一店”不在南京路，而是远离上海千里之外，开在了西安。

2011 年 4 月 28 日，真维斯内地旗舰店在西安西大街开张，3 层楼，超过 1 800 平方米的营业面积，创造了真维斯门店之最。“第一店”尚在筹备初期，杨勋曾下过指示：不仅面积上要“全国第一”，更要在销售上做到真维斯“全国第一大店”①。

一般而言，旗舰店并不是赢利最高的店铺。旗舰店只是代表着品牌形象，往往开在人口稠密、商业繁华的城市地段，档次高、规模大。换句话说，品牌“第一店”的使命，“撑门面”盖过“赚钞票”。

论商业繁华、市场规模和消费水平，西安比不过上海。真维斯将全国旗舰店开在西安，再一次不走寻常路，“逆反”了商业常识，西安市场能够成就杨勋“全国第一大店”的愿景吗？

较之于 1993 年轰轰烈烈打开上海市场，真维斯 1996 年才进入陕西，而放开手脚的时间更是晚了 7 年。2000 年真维斯西安第一家大店店址选在西安东大街黄金地段，一层 500 平方米，实际利用面积 300 多平方米，租金过百万元，在当时的西安算是天价。

要不要租这么贵的店面，西北口岸内部曾有过激烈的讨论。反对方认为：当地人均生产总值仅 8 100 元，人年均收入也不高，消费能

---

① 真维斯店铺等级划分为旗龙大店和非旗龙大店。旗舰店>龙头店>大店。同时，根据配货，分为A+、A、B1、B2 等 6 个等级。根据店铺面积大小以及营业额多少，综合评定具体标准。

力有待检验，100多万元的租金如何盈亏平衡？反对方占据多数，开店提议僵持不下。此时，杨勋刚好巡店到西安，他在西北口岸一位员工的陪同下到东大街走了一圈，当场拍板“把店租下来”。

西北口岸总经理至今清晰记得当时杨勋说的一番话：“你们眼光不要只盯着现在，要多想想未来。我保证，未来几年内你们西北口岸就能名列各口岸前列。”

那时的西北口岸除陕西外，还包括新疆、宁夏、甘肃和青海，面积足够大，可经济实力却不够强，口岸上年度业绩排名两司16家口岸倒数第二。杨勋的预言，在西北口岸总经理看来，并不可信。

在杨勋的坚持下，西安旗舰店在2000年开业，头年零售额共500万元，业绩并不出色。然而，“销售额很快出乎意料地上涨，我们也没有做太多宣传广告”。直到今天，西北口岸总经理说起当时的情况依然很兴奋，“到2010年，这家店一年卖了超过2 000万元，全国第一”。

据统计，西安旗舰店从2004年到2010年销售额翻了2.5倍，仅凭一店之力就持续保持了整个口岸全年20%左右的销售额。

麦肯锡全球董事合伙人马思默说过这样一句话：“我觉得三、四线城市的消费能力或者说可支配收入，可能比一、二线城市更强，比我们想象的要强。”杨勋细分市场，精准地作出判断：三、四线城市消费者对品牌的忠诚度高于一、二线城市消费者；而从竞争性上看，一、二线城市为“兵家必争”之地，外资、本土品牌一拥而入，三、四线城市则处于企业市场战略的候补位置。因此，真维斯入驻西安有些“下沉”的意味，竞争者少了，引来如潮拥趸不足为奇。

2010年，西北口岸业绩排名两司16家口岸第二，彻底翻身。一年后，真维斯“全国第一店”选择西安顺理成章。

绝对细分（上）：从一线城市到镇级市场和社区店

从开第一家店起，我们就优先选择在小城镇开店，这一战略使沃尔玛相当长时期内远离了大城市的残酷竞争，在不为人知的时候悄然长大成林，之后我们选择在郊区公路旁，迎合了美国城市人口从市中心迁往郊区的潮流。

——山姆·沃尔顿自传《富甲美国》

规模，对服装零售商来说是一个必须面对的问题；而怎么扩大规模，则是一个难题。

刚进入内地，真维斯避重就轻，跳开广东直接北上至上海，接着在青岛、武汉布下两颗棋子，又依托真维斯国际和大进投资，以点带面，全面开花。用杨勋的话总结，这是“狭义上的农村包围城市”：广东、香港休闲品牌普及广，不如另辟蹊径。

2003年，彼时“狭义的农村”早天翻地覆，面貌焕然一新，休闲的概念也正被各家品牌透支宣传。真维斯的布局策略在通过历史检验后，必然面临新的调整。这时，杨勋觉得应该及时巩固成绩，往下纵深，展开一场“广义上的农村包围城市”：城市里的店铺社区化，核心地区有店面即可，不视做主要阵地。下一步，真维斯要到“城市郊区、社区，到能方便顾客购物的地方，到三线城市以下的县级市、县城以及有一定人口规模和消费能力的城镇”去。

一场看不见的战役悄然打响。然而，真维斯国际和大进投资两家公司在“向下纵深”时，有些力不从心。李仲安说：“底下的市场的确非常大，可不确定性因素太多，对人脉、资源、关系十分倚重。租门面、选址、消防、注册、招人，做这些事有当地人背景很重要。”

西北口岸的深入则更让西北口岸总经理领略到开拓“广义农村市场”的艰辛。

青海、新疆等省份尽管级别上与山西平行，但是山西直营店开到阳泉、大同的这种方式在人口稀少、民族混居的青海、新疆省份则障碍颇多。西北口岸总经理说：“当时，我从西安坐飞机到乌鲁木齐，三个半小时，坐火车得两天两夜。为在新疆开店，我拉着开发部的同事开车几百公里选店址，经常看不到一个人，荒无人烟。版图大，人少，在这种地区搞直营店，吃力。”

真维斯国际加盟部总监感同身受，表达也更直接：“集团不缺资金，有实力自己发展下面的市场，可那样运作的成本高、节奏慢。如果交给加盟商，发展会更有效率。”

显然，各种信息反馈给杨勋“纵深市场，自主经营已不再是最理想、最可靠的方式”。

实际上在2002年，两司市场部下就分别挂了一个加盟组，只是人员不多，业务量不大。[①] 但是，杨勋意识到加盟举重若轻时，2003

① 大进加盟部副总监说：“真维斯在2002年之前，有种做法叫特约经销，就是‘你有钱有店铺，管理公司负责’。当时公司对特约经销商不重视，只重视自己开店，生意做得不大。”

年加盟组独立出来，单独成立加盟部，主力发展。与此同时，西北口岸总经理在杨勋授意下，也将“开发自营店的重点转为主攻加盟店”。

多年自营店的经验让真维斯对选新店址、培训新员工等流程了如指掌。不过如何招商，又是新的麻烦。

最开始，两司加盟部尽可能公布业务电话，通过电话沟通，若顺利，则再安排人员考察。两司加盟部逐渐发现，“真维斯在当地生意做得好的地方，效果好；生意不好的地方，了解真维斯的人少，效果不行”。最典型的是新疆，电话公布出去，主动询问的客户几乎没有，两司加盟部只能主动出击，到市场开拓地找场所，邀请媒体、开招商会。

为在新疆顺利招商，真维斯先在当地报纸登广告，又在四星级饭店举行招商会。就在这场招商会上，李仲安遇到了今天新疆最大的加盟商，“交流得很好，对方也认同合作模式，预交了10万元保证金”。之后差不多一个月时间，开发部同事带着加盟商走遍新疆的大小城市选址。万事俱备，李仲安和西北口岸总经理过去帮忙确定开店细节，通过“验收”才开店。

招商过程中也有很多戏剧化，甚至冷场、尴尬的故事。有一次在昆明，真维斯工作人员打了八九百个电话，联系了很多人，“对方都说来，就租好了一个相当宽敞的场地，邀请了一些当地政府官员和记者”。结果招商会当天，缺席的人很多。“本来桌子一排排摆着，看到场面冷清，我只好安排人把桌子拼组成一个大圆桌，别让场面太难看。”对此，大进加盟部副总监记忆犹新。

还有一次是在河南招商会上，大进加盟部副总监遇到一位“蹭饭”的客户。双方素未谋面，该客户来了以后东拉西扯，不谈正事，总之就是要请他吃一顿饭才走。而后，加盟也不了了之。

两司加盟部成立后，以西北口岸为例，截至2004年，该口岸成立8年，开设了9家自营分店。之后6年，加盟店数量已超过100家，年营业额逾1亿元。“青海和新疆都交给人家（加盟商）做了，连省会都给了。”西北口岸总经理笑着说。[①]

绝对细分（下）：从一线城市到镇级市场和社区店

西北口岸发展加盟是迫于市场落后的无奈，而广东市场的细分则是市场繁荣的必然。

广东，经济大省，接近港澳，得风气之先，服装品牌竞争尤为激烈。“不管香港品牌还是国外品牌，都太熟悉广州和深圳两个城市了。”不仅是一线城市的广州、深圳租金昂贵，佛山、东莞、中山等A级地方城市租金也非常贵，甚至超过其他省会城市。

真维斯内地总部在广东省，杨勋是广东人，但真维斯的主战场不在广东，对这个市场也一直慎重有余。“2003年才进深圳，之前我们不敢进去，因为外围都未赢利。”华南区副总经理解释道。

不过，竞争激烈归激烈，这么大的市场真维斯不可能轻易放弃，何况杨勋相信“竞争也有利于自身成长”。

广东第一家店开在顺德，真维斯自己买下的店铺，最大的一项成

① 更多加盟内容，见后文“虽‘强势’但‘体贴’的供货商”。

本房租能自我控制。可是，大规模开自营店，不可能每一家店都由自己买下来，毕竟人、财、物力的投入和产生风险不定且不低。

至于简单的招商，推广加盟，华南区副总经理说：“广东民间资本充裕，换句话说就是广东人有钱。一家县级市真维斯加盟店年净收益保守估计也有10万元，这在中西部地区很可观，但广东人会觉得很一般。真维斯须尽力保障加盟商的收益。反之，品牌也希望加盟商用心经营，带给顾客‘物超所值’的产品与服务。如果加盟商看不上这个收益，难保不分心，抑或见异思迁。”

因此，2003年两司开始拓展加盟业务，广东的加盟业务暂缓进行。

为了打开广东口岸局面，华南区副总经理和口岸同事考察遍了广东省所有大小城市，“一次次地去，去当地商场、商业街，站在街口看人气，观察年轻人穿着装扮，一站就是半天”。

终于，华南区副总经理和同事总结出一条规律：广东省人口密集，所以很多住宅社区体量大，居民多，较之中西部城市，生活节奏快，日常工作紧张，很多上班族每天“单位——住处”两点一线，少有闲暇去商业区逛街购物。很多广东人购买一般生活用品多半在小区就近解决。

汇报至总部，杨勋得到启发，派人在汕头、顺德、广州、深圳调研，发现“社区一方面存在需求；一方面避开商业临街和黄金地段，门面租金相对低廉。更重要的是，贴近大众生活”。将真维斯“物超所值”的产品送进社区，不正是真维斯经营“时尚必需品”的本职吗？

与沃尔玛一样，世界上大多数零售连锁巨头都起步于社区店，原因除“成本可控，创业期低调潜行”外，更重要的是，在早期大型商业中心未成型时，人们的消费习惯多集中于住宅周边。

日本 7–11 便利店创始人铃木敏文有一个经典论断：新兴零售业需要的不是经济学，而是心理学。拿中国来说，如果现在 30 岁以上的人对小时候的记忆足够深刻，那时的城市里除了几家国营百货店之外，大部分人的衣、食、用的消费需求几乎都由小区周边的店提供。随着城市化的发展，商业的开发与渗透，购物街、大型商场逐渐出现，吸引了人们越来越多的消费注意力。社区店、街边店逐渐开始萎缩，而前者又进一步演化为集购物、餐饮、休闲娱乐的购物中心。现在，中国的城市从北、上、广，到西部边境小城，无论大小，无一例外都会规划至少一条所谓的“商业步行街”，把品牌集中起来，赚取人流，刺激消费，带动周边地产升值。

然而，就像华南区副总经理观察到的，类似广州这样的大城市，生活节奏过于紧凑，人们对商场购买的新鲜感不断降低，而每一次购物的时间、交通成本都在加大，服装一类的社区店似乎活力再聚。[①]另一方面，看似举重若轻的社区店，也暗藏着真维斯后台管理、物流配送、扩张方式上的隐形智慧。社区店巧妙迎合了目标群体快捷消费的诉求，将消费者引入新的“消费局”中，消费者也乐在其中。[②]试

---

① 社区店的复活，并不意味大型购物中心的消失，只代表了一种消费习惯的可能性复苏。

② 关于社区店的选址，真维斯有一系列的参考标准，如社区居民户数，社区位置、档次，等等。目前经营方式多以加盟为主，回报率第一年大概在 13%~15%。

想，一个周末的傍晚，一家人吃过晚饭，下楼在社区周边散步，突然看到一家真维斯专卖店，抱着随意逛逛的心态进去看看。进店后，店里服装的款式不错、品质不错、价格也不错，原本没有的消费欲望被激发，极有可能产生最终的消费行为。

品牌经验：市场中的“天时”、“地利”与“人和”

JEANSWEST

经济学家张维迎指出，“市场经济面临着不确定性，需要有人高瞻远瞩，看清未来。具备这样素质的人就是企业家”。他们的眼光长短，直接决定品牌渗透力度，并划定其市场边界的深浅、大小。

真维斯对市场诊断、市场机会、市场运营、产品市场定位、消费群体等相关市场要素的把握着眼于“天时”、“地利”与“人和”。

真维斯的“天时”是为中国大红大紫经济发展背景下的民富。杨勋认识到品牌生存机会来自市场需求，“经济发展，人们收入提高，自然有了对生活品质的要求。年轻人喜欢并容易接受新事物。真维斯正是在这个时候迎合了市场的需求”。所以，当有人为已有2 800家门店的真维斯未来市场产生顾虑时，杨勋轻松给出了“开6 000家店都没有问题”的鼓励。

杨勋对“地利”的解释是“选择最有利的环境释放品牌力量”。真维斯在中国内地的开拓路径为一线城市——二、三线城市——镇级市场和社区店。虽然镇级市场和社区店规模小，但更贴近市场，机制灵活、反应快捷，为真维斯提供了较大发挥空间。

“天时”与“地利”兼具，还需“人和”。“人和”体现在“整个企业是否达成共识，并将达成共识的市场定位推进下去”。恰当的定位是顾客购买心智数一数二的关键要素，同时也是努力寻求市场份额的专业人士追捧的圣杯。

经过与市场的不断磨合甚至试错，杨勋和他的团队“将核心顾客群的年龄段集中定位在18~40岁健康、上进的一族”，为他们提供紧跟潮流的“时尚必需品”。

相对于试图无所不包的零售商，真维斯产品线较窄，但在价值链上截取的环节很长。专注才专业，真维斯更知道自己该做什么不该做什么。

JEANSWEST

第四章

营销到底怎么做?

商业世界的秘密，就如“芝麻开门”的游戏。

对于90%的企业，只要推开秘密的大门一定能见到一片五光十色的场景。而推开大门的方式便是营销——有理由地创造市场，有底气地销出产品。

有人说，建立什么样的营销体系，取决于企业成长的背景和看市场的角度。跨国公司有骄傲的资本，居高临下，在它们眼里“市场是平的”；新兴品牌后天发力，谦逊低调，它们相信“市场是新的”。就有着20年品牌经历的真维斯来说，市场曾经是“新的”，又逐渐变为“平的”。在“新”与“平”的转化下，这个低调的品牌“由一头幼狮变为雄狮”，而后“成为狮王”。

拒绝“可疑的成功”

国内《创业家》杂志曾刊登过一篇文章，开篇如下：

> 你有多久没去“偷菜”了呢？
>
> 差不多18个月前，一种名叫“开心”的病毒在大城市青年白领的电脑上迅速蔓延开来。买卖好友、抢车位、偷菜、真心话大冒险、模拟炒股、开心餐厅……各种花样百出的弱智小游戏让开心网成了中国最火的SNS社区。风险投资商们争着给钱，业界很多人在预测，它会是国内下一个现象级的互联网公司。
>
> 但现在，它的传染威力已经大大减弱。如果我们把视野再放宽一点，会发现类似开心网的“可疑的成功”不仅仅出现在互联网业，也现身于几乎所有那些被资本追逐和媒体热捧的行业，区别仅仅在于“发酵”时间的长短。

成功——一段历程的正向结果，轮回往复，皆为过去。当企业面对成功时，其实仅仅代表之前做得不错，至于之后，谁知道呢？对于真维斯，亦是如此。当一个企业有幸获得“可疑的成功”时，也许正是最危险的时候。可让人欷歔的是，这种“可疑”存在于多个环节，上至决策、运营，下至营销、推广。表现最为突出的环节就是营销——趁企业风头正劲，抢用户钱包；趁发展势头良好，急切自称业界第一；趁同业竞争不足，无度扩张；趁品牌初露锋芒，自高自大；趁企业能够赢利，故步自封。

回到真维斯，辉煌的数字，诸如2 800家门店、年销售额50亿元，都是既往沉积。未来历程，则势必步入杨勋所言的“创业、守业、人生”的第三层境界——人生。到这阶段，一切遭逢，未必比前两阶段明朗，前途并不确定。

管理学经典《黑天鹅》中有段话：“我们表现得就好像能够预测历史事件，甚至更糟的是，我们以为能够改变历史进程。我们预测30年后的社会保障赤字和石油价格，而没有认识到我们连明年夏天的情况都预测不了。”

环境在不断变化，一味沉浸于业绩持续增长的光环中，这样的“成功”就是可疑的。消除“可疑”倾向的方法，在于“不断反省”。

《旭日三十年》中提到的经营企业“九大方针”，第一条就是“心存忧患意识”。这家企业，20年间每个“发展点”基本上都切入精准。杨勋并不认为自己料事如神，他将原因归结于依托独特的“不求最快、只求最适合”的企业文化。

他说，经济形势好，行业势头好，事实是如此，但有一个问题在于，“中国商业其实没有经历过大范围的经济不景气，没经历过从高跌落的大挫伤”。所以，“拒绝可疑的成功”，体现在真维斯营销上，就是杨勋的“求稳”思路。

中国服装协会提供的资料显示，休闲服市场每年的增长超过30%，整个服装行业大约是20%。休闲服是整个服装行业中增长最快的分支，真维斯的目标低于行业平均水平——每年15%~20%的增长，这实质意味着真维斯“市场份额下降”。

既然处在服装行业这一整体增长较快的版块，企业理所应当超越发展，吞噬份额。杨勋却相当冷静，他说：“过于放松或太冲动，都会不自觉地犯下错误。真维斯要增长，但不能盲目追求增长，真维斯关注‘实质增长（原店增长）’，拒绝冒进。”

营销人力资源配置方面，真维斯有群“年轻的口岸经理”，他们立足于一线，销售队伍年轻化、效率化，组成契合总体营销目标的团队；同时壮大合作院校的数量、改变合作方式，使其源源不断为企业输送人才。营销策略上稳扎稳打，快不是难点，慢才见功力，总体目标既定之下，强调“价值决定论”，力求顾客忠诚。

拒绝可疑的成功，当行业普遍快速增长、甚至成倍膨胀的时候，有这样一家企业保持隐性营销且稳定实现增长的目标，自有因由。

那群年轻的口岸经理（上）

南人北往，真维斯带来的，一方面是概念启蒙、品牌历程，另一方面便是人的故事。

1995年，前身为纺织学院的武汉纺织大学把如今的华中区副总经理推荐给了真维斯。12月初，业务经理带着这位入职才三个月的年轻人赶赴长沙，独闯市场。

业务经理负责拓展对外关系，店前工作全由这位年轻的姑娘承担。所有店员均从当地新招，一切从零起步，制度执行、店铺运作、日常陈列，她事必躬亲，前几个月几乎每天连班，“早上8点到晚上9点，没有休息”。

后来，长沙开了三家新店，当时还是新人的华中区副总经理升职为区长。职位好听，但人手不足，任务反而更加繁重：既要做薪酬安排，还需兼管财务，甚至抓前线员工培训。

作为真维斯在长沙的“管家”，虽然辛苦，但这种公司的充分授权很能锻炼人，因而她十分珍惜。口岸公司初成立，市场部主管空缺，她做市场部主管；加盟部成立，她又主管加盟；甚至行政部领导空缺，她还要兼行政部主管。和同事“很多事情一起揣摩着做”的她得到的好处就是“对各个环节运作过程和前线操作都了解得非常清楚”。有了这些参与经历，她对口岸运营了若指掌，所以，“有升职机会的时候，老板就给得比较快”。

能当一人而取天下，奋斗故事不止于此。

和华中区副总经理不同，河南口岸副总经理[①]的真维斯之路，似乎更充满戏剧性。

1996年，一个年方20、日后成为河南口岸副总经理的小姑娘与

---

① 大进投资有限公司河南口岸副总经理，后文简称“河南口岸副总经理”。

杨勋偶然有过一次对话。当时，杨勋问她："解决问题最好的方法是什么？"小姑娘还在想"如何回答好这个问题"时，杨勋告诉她说："最好的方法就是不要让问题出现。"

正是通过这次聊天，小姑娘认定这个老板与众不同，决定加入大进投资。此后6年，她跑店铺、出差，有时候一个月只能见父母一次。26岁时，她觉得，女孩子总得结婚生子，更该多陪陪父母，当时，她管理着5家店铺，根本抽不出时间。把人员安置妥当、一切工作移交到位后，她离开了真维斯。

这一走就是9年，直到2008年12月，一位在真维斯做店长的远房亲戚和她闲聊时透露自己考虑离开，因为"店里人心散漫，其他人都想着离开"。

那家店是当时她亲自带着发展部同事选的店址、签的合同。"到底发生了什么？"第二天她去了一趟店里，"店铺里货太多、太乱，到处堆满箱子。有个顾客想找某尺码的衣服，店员居然找不出来"。后来河南口岸副总经理才知道，当时河南口岸被划分，货品调整不合时宜，人员调度和店铺运营发生冲突，流动频率增大。她看的这家店，除店长外，店员全由别处借调而来。

后来，河南口岸副总经理去石家庄见了杨勋，"20岁进大进时，老板头发黑亮亮的，这次见头发都花白了"。

两人谈了很久，杨勋希望她回公司，帮助公司打开河南口岸局面。此时，已是两家餐饮店老板的她"自己做生意，钱没少赚；孩子又才两岁，需要照顾"，所以答应老板"考虑考虑"。40天后，她还是回到了真维斯。

那群年轻的口岸经理（下）

作为真维斯口岸经理，一方面要士气十足、吃苦耐劳，以有效地推动“物（产品）”；另一方面要懂得广告和营销艺术，与顾客畅通无阻地沟通，能有效地带动“人（顾客）”。真维斯年轻的口岸经理们，经过企业培养、老板勉励和市场锤炼，表现得智慧、坚韧与勇于担当。

2010 年底，河南口岸一个县城商场的负责人联系到河南口岸副总经理，希望真维斯在其商场开一家店。照以往情况，县级市场应该由加盟商负责。可惜，当地的加盟商觉得商场位置不好，不愿意做，于是河南口岸副总经理决定自己去看一看。

到了那个商场，她没有上楼，而是在附近溜达，观察周边餐饮店的生意。商场一楼有一家快餐店，地面很干净，卫生间有专人打扫，生意也不错。河南口岸副总经理心里有了判断，当即决定合作。她上楼找到商场经理，同时提出一些细节条件，如“真维斯自身负责收款而不是由商场统一代收，店门口要有独立音箱”，等等。商场都同意了。

开业那天恰逢元旦，这家真维斯店一天时间销售了 19 000 元，超出预期 17 000 元。

英语语境中，“营销”写做“Marketing”，即“Market”的现在进行时，通俗解释是不断拓展市场。华中区副总经理、河南口岸副总经理的成长故事告诉我们：把“Market”变成“Marketing”，离不开人。

进而言之，1997 年，杨钊在《创业 · 守业 · 人生》一书中写道：

“企业经营的真正力量在于5%的技术加95%的心理。”具体到真维斯，这个2000年立志于“全方位努力落实成为中国休闲服装零售领导者”的品牌清楚，无论目标多远大，最终落脚点还是销售，将“营销”与“心理”结合，“调动士气”，完全信赖那群负责营销的年轻的口岸经理。①

一样从真维斯普通店员成长为口岸总经理的西北口岸总经理的经历也颇有特点。

16年后的今天，西北口岸总经理依然清楚地记得，1996年1月，他从石家庄纺织局办好离职手续，放弃了单位分的房子，义无反顾地加入了真维斯河北分公司。

然而，理想很丰满，现实却很骨感。入职第二天，这位前国家公务员兴致勃勃地去真维斯报到时，居然被分配到了石家庄北国商城真维斯柜台当实习店员。西北口岸总经理现在回想起当时的感受是，有些失望，还特别怕遇见熟人。“我想，要是被原单位领导同事看到我放着公务员不当，跑去当柜台售货员，他们该怎样议论我啊。”

不过，他坚持了下来。很快，公司派他去开拓山西市场，第一站太原，当时大进投资已经安排了一个团队在太原，可进度坎坷，百转千回仍理不出头绪。

这是一场旷日持久、又数年一瞬的开拓，努力与眼界决定了一切。

前半年，西北口岸总经理逛遍太原商场，几乎“把一辈子要逛的商场都逛完了”。他得出结论：“太原市场大，却不好开发。太原市民

① 杨钊《创业 · 守业 · 人生》第二集（上卷）：士气

相信品牌，但没听说过真维斯。”此时，太原已有了几个定位相似的休闲服装品牌，真维斯属于后来者。不过，他意外地发现，“街头店铺比商场柜台的效果要好。街上人来人往，招牌挂出来，所有人都能看到，这就是最直接的广告”。

“在山西没有熟人”的西北口岸总经理和同事们，拿着地图“扫街找店铺”，办法“愚笨”且无奈。每天翻报纸，看哪有铺面出租，就赶过去谈，终于找到理想的店铺租了下来。

店铺装修时，过路市民好奇地询问：“真维斯卖什么吃的？”这让西北口岸总经理哭笑不得：“不卖吃的，卖休闲服。”太原市民第一次知道了真维斯。

又过了半年时间，太原第一家分店开张。“80 立方米的招牌立在门头，（形象）马上立了起来。顾客很多，店内挤满了人。”真维斯“一炮打响”，迅速升温。

随后，真维斯以太原为原点，山西市场百花齐放——大同、阳泉、临汾、晋城，有代表性的城市陆续开发完毕。几年下来，真维斯在山西省开了 19 家连锁店，西北口岸总经理也做到业务经理兼行政副经理，直至 2004 年调任西北口岸。

奥地利作家茨威格在《当人类群星闪耀时》一书中有言：“一个人生命中最大的幸运，莫过于在他年富力强的时候，发现了自己生活的使命。”华中区副总经理、河南口岸副总经理，以及西北口岸总经理只是真维斯 17 个口岸经理中的一员，他们的背后，还有许多真维斯一线销售人员。他们充满着激情与梦想，从基层起步。在真维斯，有人找到了实现理想的平台，有人得到了施展抱负的空间，有人培养了日后创业的头脑，还有人得到了受人尊敬的职位。也有的人最终离开，但至少收获了经验与财富。

增长的实质——原店增长

“我们现在开店的速度，以100平方米的店铺为例，大约只需要7~10天，因为所有的东西都是现成的，货架摆好，基本上就可营业了。”大进店铺发展部总监说这话时面色平静。

显然，以10天的开店周期为例，真维斯若要追求门店数量上的突破，异常轻松。但是，商业史上，从来不缺“野心家”，单纯追求数字增长的豪言壮语更是不胜枚举。

豪言发出者，无不雄心壮志，声言极短时间内冲进“××强”，销售做到“多少多少亿”。结果往往是，盲目的增长崇拜最终导致野心家重负难释。

历史证明，谁能把握细节，并在行进中及时校正方向，谁就能避免重蹈覆辙。

真维斯对于增长的态度也曾极目四举——百市千店计划，豪言犹在耳侧。一场危机，让它重新审视市场，并迅速转型。之后，真维斯“纵深挖掘”，在原有直营店数量稳定增长的基础上，向下发展，细分市场，把店铺开到城市社区、县城，甚至村镇去。

今天，数字已经证明了真维斯的成就：2 800家店铺，几乎遍布了中国大江南北、各个市县；城市中门店体量大、销售额高，年销售数额在千万以上的大店不在少数。另一方面，市场细分，空间扩大，但战线也相应拉长，单店市场容量变小，以前100家店铺能完成的销售任务，现在要开200家。

因此，如何在纵向细分的前提下，保持品牌有质量地增长，又成为摆在真维斯面前的难题。

就在几年前，大进加盟业务做得有声有色，新增店面多，李仲安享受着“增长”带来的满足感。一次行政会上，杨勋却“泼了冷水”，“老板批评我，他说他不要‘假增长’”。

何谓“假增长”？

李仲安解释：“新店铺增长很快。经过一段时间，由于种种原因，新店铺生意不理想而不得不关掉或苟延残喘，报表上留下的只是一个轻佻的增长数字。”

于是，杨勋提出“开新店，保持节奏不求快；原店业务要稳定增长”。

“原店”，顾名思义，即已开店铺。杨勋定下每年原店销售增长目标是6%~8%。一些口岸经理颇有不解：“前年增长6%，去年增长6%，为什么今年还是增长6%？”

对此，杨勋回答：“每一年的6%都不相同。人力、租金等成本在上涨，基数变大，增长6%绝对值也变大了。别的品牌往往能开的店铺先开了再说，这可能将80%的力量用在找加盟商、开新店。相对于这些同行，我们80%的精力放在了原店营销。总之，新店增量不是问题，重要的是原店生意增长。”

实际执行中，却产生了一个“悖论”：每年新店数增长，老板满意，口岸副总却不满意，觉得“明明可以开更多”。比如，发展部门找铺位，谈好租约和租金，打算投资100万。业务部门实地考察，为求稳，评估只定为80万。评估保守，导致一些店铺应该开，却没有开成。

发展部门开店铺有自己的考核指标，如此一来，矛盾出现，杨勋提出，“今后遇此情况，发展部门可以上诉，到总部直接找我”。

天下之大，大概很难找到这样的老板，不要快，而求慢。正如杨勋所言：“所有的东西，应该一步一个脚印，不是说不让你跑，而是不要急着太快。”

这是两者的区别——前者追求数量，后者追求质量。

战略不变，战术百变

市场如水奔流，无时不处于变动中，任何一个变化因素，均可影响销售。然而，万变不离其宗，终有规律可循。按照美国营销大师劳特朋的“4C理论”，顾客（Customer）、成本（Cost）、便利（Convenience）和沟通（Communication）是企业可操控的4个方面，合理组合即可达成预期销售效果。

时至今日，市场变化日迅一日，顾客需求繁复多变，“4C理论”仍受许多零售企业推崇，成为其市场营销战略的指导原则。当然，不同企业对“4C”的侧重存在差别，有些将“成本”放在首位，有些则注重“顾客”，旨在面向客户，提供有价值的服务。“通过‘4C’有机组合提高所谓的‘性价比’，百变战术，以期双赢。”这正是真维斯恒久坚持的营销战略。

战术一，中国市场属性独特，开拓空白市场，须“见招拆招”。

青岛第一家真维斯开在商场，合作方式不是“支付租金”，而是“扣点”——按销售比例拆账。如果生意好，大家双赢；生意不好，拆账分担。

而在南方市场，如广东，商场的进入门槛很高，进场条件苛刻，真维斯便将突破口聚焦在大型连锁商超，找到家乐福——因为真维斯在北方与该超市有良好合作——切入进去。等站稳脚跟之后，再从深圳商铺最旺的东门步行街外围入手，步步逼近。

战术二，商场、超市、街边门店顾客类型不同，配货比例“因地制宜”。

真维斯商场、超市店，都被称为“店中店”，不过两者消费人群差异极大。前者多年轻群体，配货时潮流款多、基本款少。逛超市的人多是上了年纪的顾客，买衣服习惯“连试穿都懒得试，觉得合适拿上就走”，相应服饰以基本款为主，便宜，单品比例大。

利润分配也有区别。门店租金固定，生意好，利润自然多。商场里涉及分账，不能放太多减价货品，“减价商品本身毛利低，再拆账，利润就更少”。

战术三，市场环境瞬息万变，配货、销售预算“因时制宜”。

服装行业也要“看天吃饭”，气温会影响销售额。道理很简单，当天气过热或过冷时，消费者外出购物的概率会降低，时间也会减少，因而直接影响服装销售情况。

不仅如此，当某一年的气温异常于其他年份时，消费者的消费行为也会发生变化。比如，遭遇暖冬，受气温影响，消费者对羽绒服装等保暖性强的外套类衣物的消费需求会降低，对一般厚度的服装消费需求可能升高。市场需求会反映到终端销售结果上来。通过分析温度及销售对比往年的变化，排除了天气等短暂的客观因素影响后，可以更准确地判断产品未来的销售走势，以制定相应对策。当预计会有积压存货风险便及时减价促销，相反如预计销售会持续超出预算，便需要及时作货品补充，避免很多商家常犯的毛病，例如遇到短暂的提前降温令厚身货品销售急升，因而错误高估未来的销售，大幅加大订货量，最终造成存货积压。

真维斯意识到温度与销售之间的可能关系，开始密切关注温度变化情况。

图 4-1 显示了真维斯某口岸商品销售与同期温度的对比数据。综

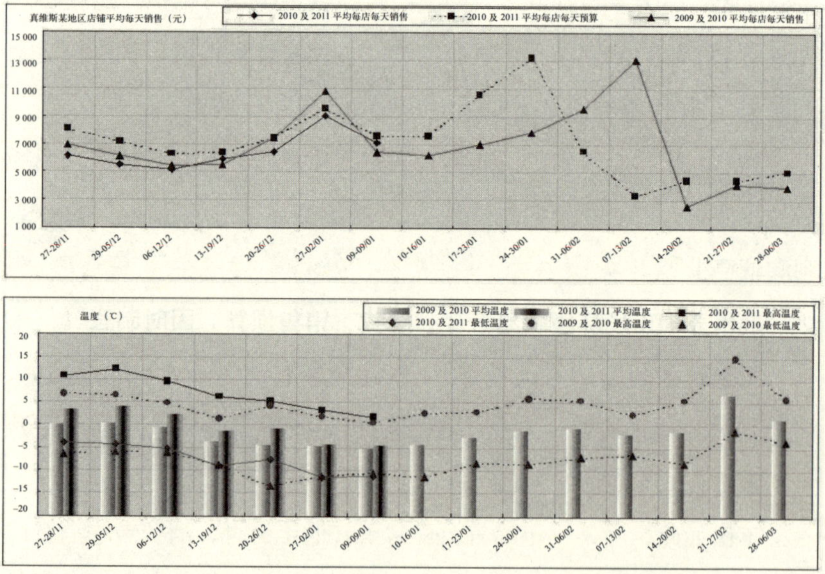

图 4-1　真维斯某口岸商品销售与同期温度情况关联图

合2011年每天和2010年同期的正店销售与气温走势（包括最高温度、最低温度及平均温度），真维斯以此作为货品安排策略的重要参考指标之一，帮助制定上货、返仓等具体的配货策略。

战术四，店铺陈列有技巧，独创“九宫格”陈列方式（如图4–2所示），“因店制宜”。

店铺入门口

前左 橱窗/墙身6	前中 流水台1/2/3/4	前右 墙身1/2
中左 墙身7/8	中 中岛1/2 流水台5/6 配件1/2/3	中右 墙身3/4
后左 墙身9/10 配件4	后中 流水台7/8/9 特价车1/2	后右 墙身5

图4–2 “九宫格”陈列法

真维斯有一个“三期三类货”配货原则：每个月推一期新货，为当期货；销售期一过，就是过期货；其他在售产品均属于过季货。[①]

当期货最新出，代表品牌形象，陈列方面会主推；过期货可能会有断色断码，需要促销；第三类在售货则采取减价销售。而货品摆放

① 关于“三期三类货”，详见“让零售人专门做零售事”。

上，则采用“九宫格”的陈列方式将店铺划分为类似“九宫格”的9个区域，对三类货品在各个区域内进行排列组合，以达到最佳陈列效果，提高店铺的整体销售业绩。

当然，这只是一个较笼统的分类。事实上，真维斯对整个零售过程有完善的管理系统，真维斯有位高级店长曾感言：“真维斯知道每个月有预算，每天有预算，每个品种有预算，具体到每家店每个时段都有预算。”

企业战略管理中，智力、想象力和知识都是重要资源，也只有通过管理者富有成效的工作，才能将资源转化为成果。①

让零售人专门做零售事

旭日靠制衣起家，对生产与零售关系有着比一般品牌更深刻的认知。刘伟文说：“零售不像做工厂，不像做自建项目，它的范围不局限于一个工厂或城市。零售做得好，必须全部铺开，零售人面对的人事问题、公关问题、工商税务问题等，每一个都是难点。”所以“术业有专攻，专业人做擅长事”，才能保证效率。真维斯在中国内地的20年，就是“让零售人专门做零售事”的20年。

事实上，多数本土休闲服装品牌零售采购不分家，店长有采购权，容易分心。真维斯不同，零售、采购、生产独立，采购交给贸易公司——这样架构下的零售人员更能“专注于零售”。

---

① 战略不变，战术百变，后文“焦点访谈”、“旭日三招”其实也属品牌战术，侧重不同。

“零售人做零售事”也是出于现实的必然。

真维斯进入内地，不缺采购、管理人员，唯独缺少零售、营销人才，多数人才从香港引进。他们就职时，采购、运营等部门已经独立开来，从制度上保证了他们只需专注本职工作，他们定好产品，交给采购去做。

零售和采购分家，真维斯具体的方法是，“按照不同业务分割成立不同的独立的分公司，不同管理模式管理，自负盈亏。相互之间是兄弟公司关系，但又存在内部竞争，以此鼓励内部创新”。

真维斯进入内地之前，旭日集团就已经设立大进国际和力佳洋行两家采购公司。真维斯对采购公司拥有自主选择权，通过任何一家洋行采购，都以采购产品的最终性价比高低取舍合作对象，避免零售人员涉足采购。

其次，真维斯采用优化过的计算机系统管理，减少烦琐环节，减轻零售人员的工作负担。

具体执行上，真维斯的店长手里有预算，但只对整体方向有自主权，产品价格上基本无权决定。真维斯有完善的定价体系，每个店的产品都由该地区市场部统一管理配送，根据计算出的店铺的货品行销速度，按需配货。真维斯认为，“店长有权根据哪个款好卖哪个款不好卖要求给货，这其实很乱。因为，店长要货肯定是卖得最好的款，要多了消费者选择余地也小了，不好卖也好卖了，这并不可靠”。在某种程度上，这样规范减少了人为决策风险。

每家店人手都有限，要向总部订货、补货，又要盘点等，人力物力肯定不够。真维斯自己开发的零售管理系统在国内数一数二，从预算、买货到货品结构分析，一应俱全，任务层层分解，落实到位，每个零售人员对分内之事都有清醒的认知和把握。

为便于调配、检查、监督货品，提升销售，杨勋在2010年初将“三期货品”的管理模式引入零售中。

“三期货品”突破了惯常的零售模式，是一种全新“定义”的货品管理理念，它对各部门履行职责有清晰的定义：市场部保证“各期”货品的配货与存货结构；业务部和前线员工明确货品的主次之分；推广部针对性地进行店铺货品陈列及要求其他各部门进行相关配合。

具体来讲，真维斯在一年内把货品分为春、夏、秋、冬四季及12期货①，每期预算8或9周销售：当期——当季有预算；过期——当季无预算；过季——非当季。

“三期货品”将工作流程标准化，它在实际指导与实践中有如下意义：

1. 它是口岸制订未来销售和配货计划的基础。

基于对“三期货品”有理解，实际工作中，真维斯能明确细致地分析出各期货品现时的存销、达成及超前落后情况，检查配货是否合理，店前陈列是否合理，价位制定是否合理。

2. 它是销售中调整策略的依据。

例如，2011年6月中旬，夏三期货品上货时，前期货品（夏二期及以前）销售滞后导致存货积压较大，公司立即根据三期货品存销情况，随机应对。

---

① 初春、春一、二货为春季货品，夏一、二、三、四货为夏季货品，初秋、秋一、二为秋季货品，冬一、二、三、四货为冬季货品。

3. 货品调整，确保店铺有充足适销货品。

季节转换及天气异常，口岸可灵活调整店铺“三期货品”的结构比例，以在天气不配合及顾客消费不稳定的情况下争取最大销售。

4. 各期货品订立合理促销模式。

当期货品，原则上不减价；过期货品，如销售落后，可采用促销（“一件 8 折，二件 7 折”）等方式加快流转；过季货品，已过上年销售，通过降低价位，直接吸引顾客。

正因为“让零售人专门做零售事”，真维斯不提倡加班。如果发现店员加班，店长首先反思“是不是内部沟通不畅，或有分神事使其工作不够专注，造成拖沓”。[①]

除以上两点，真维斯还是国内最早从香港聘请专业零售人士帮带内地员工的品牌。

之后，真维斯又与惠州学院合办开设服装销售专业。惠州学院前院长史义民记得，“1995 年杨钊提出零售专业又属国内第一”。

再后来，真维斯开展加盟。真维斯在洽谈加盟商时，通常开门见山地要求加盟商心态平稳，“专注”、“不贪心”。找到对的人，真维斯会按照自营店的要求和标准，协助加盟商把门店管理一步一步规范起来。

阳光心态：只有顾客，没有对手

刘伟文说过：“真维斯不求年年第一，这个很辛苦。追求第一，

---

① 更多信息化管理系统内容，详见后文“杯子的故事”。

意味着你时刻都要看清对手在做些什么，然后尝试着打败他。这种做法有时候很不划算。”

做生意，其实更是在做人。心态决定了一个人为人处世的方式，同样，企业的商业心态也决定了它的市场走向。一家企业能够走多远，很大程度上取决于它的心胸、态度和格局。

一个完全竞争的市场，行业参与者必然会越来越多。按照迈克尔·波特的观点，市场的“五种竞争力”中，来自“现有竞争者的竞争”是企业面临的最大挑战。现有竞争者惯用的竞争手段不外乎价格战、广告战，意在通过打压对手获得比较优势，进而扩大份额。

传统观点，商场如战场，己方份额的增加，必然以对方份额的减少为代价。为了阻击优衣库，某本土新兴品牌旗帜鲜明地开发针对性产品，并且不惜将价格拉低一半并提早数月上市抢夺先机。诸如此类，国内服装行业各品牌从台前到幕后的较量，早已不是新鲜事。

商业竞争，虽关利益，其实不致生死。换个心态和角度，也许别有洞天。

外来者不断涌入，本土品牌花招百出，可真维斯异常淡定。杨勋有自己的信仰和操守：在中国，我们不觊觎别人的份额，而是专注保持自己的份额。

“很多员工问我，现在的市场竞争有没有压力。我说市场竞争是正常的，每个行业，每一个阶段都会有竞争。但是，我们不光要认识到竞争，还要看到中国的休闲服市场每年不低于30%的增长。整个行业蛋糕都在增大，我们去‘吃’增大的部分，为什么想着去吃别人碗里的呢？我也不要求真维斯每年有50%~100%的增长，15%~20%的增长就可以了。”杨勋说，“至于这个比行业增长还小的比例到底慢不慢，要看从哪个角度想。跟别的牌子比，今年我们可能慢；不过，5到10年后再看，我们不仅活下来，还活得很好，那还慢不慢？”

在真维斯看来，波特“五力模型”中，讨价还价的买方才是最大的竞争者。和顾客竞争？没错！品牌可以通过降价、推广，把竞争对手甩在后面，但顾客并不一定领情。他们总是倾向于购买质量高、服务优、价格低的产品。因此，与其舍本逐末、缘木求鱼，不如回归本源，将顾客放在第一位，为满足他们多变的需求而不懈努力。

这与彼得 · 德鲁克的观点不谋而合，“从经营的最终结果也就是顾客的角度来说，营销就是企业的一切……对‘经营目的’的有效定义只有一种，那就是‘创造顾客’……正是顾客决定了企业经营活动的内涵”。顾客的语言是世界上最动听的语言。

回过头来，“很多外国品牌进来是为了挣钱，这个没有错。但一开始就把赢利放在首位，心态就已经偏了。要先熟悉这个市场，熟悉中国的管理方式，搭建本土的管理架构吧？这都需要有前瞻性的考虑：想来干吗？想在多长时间内完成？打算付出多少代价？想赚快钱，可以，广告轰炸、疯狂扩张，问题是这样能走多远？”张慧仪解释说，“所以我对外来的品牌有什么看法？我没有看法，他有他的优势，我们有我们的历史。”

能够提供给顾客多少价值，顾客自然会回报给企业多少价值。这是一个“点对面”的逻辑，一家企业的生命长短取决于有多少“买企业账”的顾客。

的确，每个阶段都会有竞争者。1996年，真维斯的长沙之旅面临着一个台湾和一个香港品牌的挑战，大家在同一家百货商场，卖同一概念的衣服。15年后，这两个牌子淡出长沙。期间，又不断有新的品牌涌现。它们中有的会将店开在每一家真维斯门店的附近公然竞争，有的会最露骨地挖真维斯的口岸管理人员、店长甚至店员。可真维斯从未将它们当做竞争对手。这个骄傲的品牌只在乎顾客，只懂得"求诸于己"，不断地对品质精益求精。

"焦点访谈"——真维斯20年营销的"独门秘籍"

中国改革开放在遭逢困阻之后重新上路的次年，真维斯正式进入内地，真维斯的成长伴随改革的进程，虽非触目惊心，却也几番起伏。

随着时光推移，沉积下来的正是品牌自身的魅力。大多企业殊途同归，但凡可称为品牌者，皆因其能自成一格。

休闲服市场蓬勃兴起，顾客需求逐渐多样，如何进一步了解消费者的消费习惯与需求？如何及时调整真维斯下一步定位及策略？管理层提议展开"焦点访谈"——邀请数十位顾客参与互动，期间将多个不同品牌的衣服，剪掉商标，请参与者挑选心仪之物，并且辨别其品牌，若能正确搭配，则免费获得该款衣物。

10次的"焦点访谈"，给真维斯带来了很多有参考价值的结论：比如女性顾客倾向于通过颜色和款式挑选喜爱的衣物；而男性顾客更注重服装的品质。管理层深入了解到顾客需求，确定了品牌发展方向，帮助公司实现2005~2009年每年业绩均以双位数增长。

种种一手素材汇聚成河，品牌的“独门秘籍”日益成型，渐渐浮出水面。

秘籍一：人才储备

“焦点访谈”的意义是直接面向终端客户访谈与调查。由此延伸而来，真维斯与多家院校合作，通过海量问卷、匿名顾客调查访谈等方式，形成对各个口岸的有针对性的调查报告。这一方面有效利用了院校的人力资源、共创了服装专业的实践平台；同时，许多参与实践调查的学生在活动中能设身处地地感受到品牌的力量，毕业之后部分愿意留下成为真维斯的一员。毫无疑问，“焦点访谈”等针对市场调查的活动又成为真维斯的人才储备手段。直到今天，真维斯全国范围内 17 个口岸，以此模式进行合作的大学超过 20 家。[①]

既然是人才储备，所需时日自然久远。

早在 1995 年，杨钊、杨勋就建议与惠州学院合办“服装零售专业”，当时国内的大多数服装院校对此类专业闻所未闻。事实上，“校企合作”在西方商业界早是行之有效的模式，对于高校和企业而言，没有什么比“知识资源转化为经济效益”更激动人心了。

然而当时中国内地未引入这种模式，真维斯与惠州学院的合作可谓开风气之先。虽说起步阶段面临人力、物力之困，实际的“服装零售专业”也只有两个班，但即便如此，北方的大多院校开办类似的专业，也要等到 3 年之后。

---

① 具体内容见后文“培训主管一年的工作任务”。

在零售班的基础上，双方又合办了“研究社”，形式上模仿日本企业与高校之间建立的“互助人才培养机制”。1997年，研究社招生，每年向旭日集团输送数十名营销人才。

秘籍二：体贴你的顾客

做零售，最终面对的不是竞争者或合作者，而是顾客。

美国未来学家阿尔文·托夫勒在其著作《第三次浪潮》中也曾谈到，未来生产者和消费者的界限将逐渐模糊，二者将融合为一体。消费者参与到产品的设计和开发环节中，“生产型消费者”（Prosumer）诞生，将改变整个价值链的增值逻辑，改变顾客品牌界面的构筑方式。

就如“焦点访谈”，大多数人肯定会选择“风格沉稳又不失时尚、品质值得信赖”的衣服，而这恰恰就是真维斯品牌的自我定位。

价格、价值与服务是顾客购买产品时所参考的基本标准。把自己浸淫于目标顾客的生活中，不断与他们互动、沟通，才能了解他们的需求，从而提供价格相当、价值匹配、服务称心的产品。

除此之外，杨勋相信：“以往顾客买衣服，‘图便宜’；现在顾客标准从单纯的‘最便宜’升级成‘最满意’。”所以，受限成本上涨，品牌要对衣服提价，“焦点访谈”同样能在第一时间了解到什么样的服务改进能抵消或减轻顾客对价格上涨产生的不满。

再如，货品组合上要作调整——低价位的东西减少，中价位的东西增加，各口岸大规模推广这项策略前，品牌必须想到“顾客是否接受”。于是，选择性展开一两次“焦点访谈”，看看顾客对中价位服装与低价位服装品质差距的感受再作判定。

不过，不管策略怎样调整，有一点始终不变——产品“物超所值”，这也是“焦点访谈”终极目标所在。即便真维斯较之以前涨价，但在十多件拆去标签的不同品牌服装中，真维斯依然品质最好，价格便宜。在这相对与绝对的价格上涨的对比下，顾客感受不言自明。

品牌经验：营销的“术”与“道”

JEANSWEST

强力的营销队伍是真维斯打开市场的前提。他们年轻并注重效率，能够与顾客进行舒适愉快的互动，提高顾客对购买体验的满意度；他们能敏锐地把握客户细微的需求变化，迅速获得市场反馈信息。与其他岗位相比，一线销售人员更需要“吃苦耐劳”，甚至在开拓市场时还可能遭受他人的误解与反感。仅靠成功学的激励，或许能让真维斯一线销售员工保持一时激情，却很难让其保持持续的斗志。而最关键的是，真维斯为他们提供了人性化的工作环境。为扩充营销人员阶梯队伍，真维斯未雨绸缪，加强与院校的合作力度，保证充分的人才储备。

人们早已对“销售额实现几百万、上千万甚至过亿”的狂想式营销司空见惯，理性的杨勋却倡导“稳扎稳打”的营销策略。如此一来，会形成自上而下的价值渗透，销售人员就会少一些浮躁与冒进，多一些务实与理性。

营销既要讲“术”更要讲“道”。为消灭竞争对手，竭泽而渔式的“恶战”不可取，相反，提升自身品牌价值才是最重要的。

提升品牌价值，往往能获得顾客的青睐，并有长期回报，最终的定位还需回到“顾客至上”上来。真维斯始终坚持为顾客提供“物超所值”的产品，这是其以不变应万变之“道”，也是其营销的灵魂原则。而且，真维斯对客户的重视，也会“无心插柳”形成外力营销，即顾客自发的口碑营销。口碑营销滚雪球式的宣传方式，会在短时间内得到广泛的传播，而且口碑宣传比广告、媒体软文更有权威性与说服力。

对消费者来说，其他购买者的评价是最有价值的参考。他们具备购买经验，享受着企业提供的服务，因而在评价企业产品或服务上也最有发言权。

JEANSWEST

第五章

真维斯拿什么给顾客？

香港凤凰卫视主持人梁文道曾“抱怨”：今天的服务业比诸从前有了很大进步，起码商店的售货员不会再用一副晚娘的脸对付你，但还是会偶尔感到一丝丝不习惯。因为新派的“贴心”服务背后有着烦琐的教导与严密的规则，那些为你送茶递毛巾的小女孩恭敬得离谱，但你稍微提出一点她受训之外的要求，她会立刻显得手足无措。

这就是顾客。他们挑剔、感性，有想法；他们知道自己要什么，而不仅仅在于商家能给什么。

在一个新兴的市场，品牌伴随着消费者成长。无论“物超所值”还是“名牌大众化”，真维斯都站在顾客的角度，努力满足顾客的需求。

柳传志喜欢讲“盖房子要先夯土”。顾客就是品牌地基，地基结实，商业大楼才能拔高。而如果问杨勋这些年最大的体会，他会说：“呵护顾客就是呵护事业。”

商品开发部总监的设计风格

钻石之所以璀璨，离不开其表里如一的浑然之色，企业也是如此。所谓“表”，指企业定位；“里”，则是企业所有成员认同定位，并将其与各自专业合二为一。

大进商品开发部[①]总监在真维斯工作已有10年。这10年里，他越来越觉得自己不只是一个服装设计师，倒更像是一个“设计市场”的观察者。他的风格，慢慢地由“潮流先锋”转变成“顾客导向”——用他的话来讲，“我们一定要知道世界各地的潮流，要非常了解顾客真正需要什么，然后去平衡”。

真维斯的设计团队了解各地潮流、市场商情，无外乎用行业通用手法：派买手或设计师到世界各地看秀，收集资料。大进商品开发部

① 商品开发部分为真维斯国际商品开发部与大进投资有限公司商品开发部，分别由两位总监负责。

总监说："区别在于，老板比别人更肯花钱在设计部门。"

对全球潮流趋势的观察，只是一个开始。

从有针对性地"扫货"，到平衡真维斯"大众化"理念，再到展示在门店里的成衣，贯穿全过程也是困扰设计师的是这样一个问题："我们要做什么？顾客喜欢什么？"

作为设计者，大进商品开发部总监需要定期去门店观察，与顾客交流。每个月固定的例会上，除了向老板汇报工作，他沟通最多的一定是市场部门和各口岸回总部的同事。

日复一日观察市场，不断选择、判断与取舍，用心获取信息，这是大进商品开发部总监和真维斯几十位设计师必做的功课。而与服装设计师惯用"概念先行"的策略不同，真维斯设计师遵循"顾客先行"的理念。企业不要求他们的设计理念多前卫，而是要结合历史销售数据，再判断潮流趋势。

听起来，这不像一个企业思维，更像一个哲学命题。

但在真维斯，这是"表里如一"的必然结果，无论是设计师，还是供货商、店员，甚至后勤部门，皆需遵循顾客的选择标准，将顾客的选择作为企业的选择。这也阐明了"名牌大众化"、"物超所值"的根源——不是企业自动改变了定位，而是市场、顾客的最终选择。

"要做顾客想要的东西。我们做得再好看、再潮流，顾客不买，我们都是失败的。"显然，这位设计总监的着眼点，已经将顾客的需求放在了"设计"之首。至于他的作品，正符合"顾客想要"的产品——时尚必需品。要设计时尚的必需品，同样经过了无数次反复与试验，"晚礼服，不是必需品；数万元一条的裙子，并非每个女性都有机会穿；但一件有设计、有主题、有潮流元素的T恤就是时尚的必需品”。

现在的大进商品开发部总监说出的这番话，放在10年前是不可想象的。“做设计师的，多少会想要一些很有创意的东西，真维斯做的是一些很大众化的东西。”表面来看，设计师的天性与企业的定位格格不入。然而，做久了以后，大进商品开发部总监却找到了不一样的满足感——“知道我们的顾客想要什么，就可以糅合到创作中去”。更何况，“最基本的东西是最难设计的”。

这就是过去10年，大进商品开发部总监个人设计思路的转变。

在他看来，真维斯的服装设计，本身不需设计层面的“创意突破”，顾客也不喜欢那种“大胆的突破”。他们要的是定位在同样价格基础之上的含蓄的差异化，“我们则更多地从版型、面料、印花等方面去演绎。其他品牌用出位的色彩与图案，真维斯不会”。

“参差多态，乃幸福的本源”。进一步而言，真维斯的顾客，并不绝对排斥潮流元素，只不过他们接受的方式比较含蓄。这又决定了大进商品开发部总监的风格，不能只是单纯的“简洁、中庸”，还要时刻做到满足大多数顾客的共同需求，既有创新，又不能过分。

商品开发部的使命（上）

服装企业，设计举重若轻，因而设计部门往往居于重头地位。但在真维斯部门架构中，没有“产品设计部”这个部门，取而代之的是“商品开发部”。

两者之间有着怎样的分别?

真维斯国际商品开发部总监的说法是:“我们不单做设计,我们的工作是开发适合市场的产品,成功开发要从理解市场开始。”换言之,真维斯的商品开发部包含设计功能,又不止于设计,它是连接设计与顾客的纽带,把设计灵感转化为经济效益,理解和洞察真维斯与市场、消费者的关系。

国际商品开发部总监表示,10年前的真维斯根本不会采用深蓝、军绿和黄色三种颜色,原因是,“当时国内顾客挑选服装有此颜色禁忌,深蓝像革命时期穿的衣服,军绿像军装,黄色在北方容易招惹飞虫。细条纹衣服像病人服,也不行”。这是基于对国人消费习惯、穿衣风尚和文化风俗的基本判断,当然也是最初级的判断。然而,正是从这些基本判断起步,真维斯20年间积累了庞大的数据储备,成为产品设计的重要指导。

真维斯的设计人员有一项基本功,就是分析数据。从基层设计人员到成熟的设计师,越到高层,从数据中把握潮流趋势的能力就越强,从而平衡次要与主要元素,设计出适销对路的衣服。所以,现在的真维斯会尝试军绿色,因为“数据显示,年轻一代对颜色的接受度已经发生了变化”。

不过,设计工作的特殊之处在于倚重灵感,设计人员大多特立独行,有强烈的个人喜好,并且会有倾向性地将个人设计情感融入到产品中,他们怎会对冷冰冰的数据产生兴趣?

国际商品开发部总监常常被下属追问:“我就是要用这个颜色,我觉得这个颜色好看!”每逢此,她总是用数据说服对方:“你看看这个桃红的颜色，三年来它销售下滑的坡度多大！你觉得这个颜色还行吗？如果一定要做，可以，但不能放在10个款式上，最多只能上2个款式。”

流行元素天马行空，商品开发部便用一套完备的数据与精简的流程，将设计师的感性与服装所需承载的理性连接起来，在合适的时间，推出款式、颜色、价位与目标客户相适的服饰。

这就是真维斯商品开发部肩负的使命。

商品开发部的使命（下）

潮流如风，来去匆匆，大凡成功的休闲品牌都以基本款作为生存的基础。然而，通常以价位为卖点的基本款产品，面料固定，剪裁固定，能够改变的只有细微的局部和颜色。

大进商品开发部总监说过，“基本的款式最难设计”。

同为设计总监的国际商品开发部总监感同身受：“如何在没有变化的东西里找到变化？”她说：“一方面，每个季度开季，商品开发部同事会到韩国、欧洲、美国，把优秀品牌所有码数、颜色的衣服一箱箱买回来，然后老板召集大家一起开会研究，学习、借鉴。”

另一方面，市场部积累的出货量数据，也为设计提供了参考。①

杨勋始终有这样一个观念：“真维斯不是要做人们最喜欢的东西，但最起码是要做人家不会不喜欢的东西。”大进商品开发部总监进一

① 详见“存货率控制，行业第一”。

步解释："我们的产品不是让人看一眼就喜欢上或者就不喜欢的，而是让消费者看着觉得还可以，试试觉得差不多，穿上后感觉质量真好，物超所值。"

不走"夸张"路

每逢夏季来临，露背装、低胸装总会受到爱美的时髦女士青睐，可这类服装却不太会出现在真维斯2 800多家门店里。真维斯不是"跟随潮流"么？为什么这个潮流不跟？

大进商品开发部总监回答："我们同事出国买版[①]，性感的女装露背、低胸的不会买。别问我为什么，这就是经验。"

真维斯的跟随会"有所取舍"。对于露背、低胸等过于夸张的设计，尽管流行，或许还能取得不错的销量，品牌也会果断舍弃。概括起来，就是不走"夸张"路。

何谓"夸张"？范畴可大可小。前卫的品牌，夸张的范围可无限大，而在真维斯这里，过分修饰性的元素，过于花哨、尖端、超出大众审美水平的设计、款式，都属"夸张"范畴。

夸张元素，真维斯有两个选择：其一直接舍弃，"有些很颓废、很朋克感觉的东西我们不会用"，比如骷髅头图案；其二是合理改造。时尚达人搭配的潮品，普通人穿上未必合拍，但未必不健康，若确是潮流所向，真维斯会适当平衡，使之符合品牌风格。

① 买版：通过模仿领先品牌的关键单品，根据国内市场口味修改调整，成为自己品牌的商品组成。——编者注

平衡的方法是用不同方式去演绎同一种元素。如上文提及的“从版型、面料、印花等方面去演绎我们的东西”，“中和”掉流行元素中的夸张成分。

曾经，男生服饰流行荧光色。一些本土品牌会将这种元素夸张地演绎，推出一整件都是荧光的服饰。真维斯设计师仅将其运用到细节，如只在印花里加入一点这个颜色，或者只在外套包边的地方体现出来。2011年“海军风”风靡一时，真维斯也会将体现这种风格的纽扣、横条等小细节放进基本、时尚款。而这年女装还流行豹纹，这样的元素在真维斯的衣服里也能找到，只是不会太多。

假若出现一片大范围的潮流，为了跟住时尚，又不贸然“夸张”，真维斯会采用“试单”方式，小规模生产一批，根据之前各口岸销售数据以及门店经验，投放到特定区域尝试性销售，观察顾客反应，取得结果后才决定是否批量生产、采购。

一言难尽的“这些我们客户不要”的经验，反而体现出真维斯对客户体验拿捏到位。经过与市场反复磨合，真维斯设计师更懂得哪些设计符合顾客需要，哪些设计顾客不感兴趣甚至反感。所以真维斯小心谨慎并敏感地保持对顾客的同理心，因为一旦产品设计与顾客需求过于脱节，如贸然使用夸张的元素或者被潮流落得太远，都可能降低顾客的忠诚度。杨勋说：“顾客还是老的好，开拓一个新顾客群体的成本是保持原有顾客群体成本的数倍。而且错位的客户体验还会影响真维斯在消费群体得到的评价，导致其在吸引新顾客时受挫概率提高。”

《商业周刊》对客户（顾客）体验有一句经典描述，“能否有效地管理‘客户体验’将决定企业在下一个10年的生存”。客户体验有多重表现形式，如被尊重、自主、选择、有意等维度。不过不管如何变化，“以客户（顾客）为中心”的经营理念都是轴心，站在客户（顾客）的角度，以客户（顾客）的身份，体验他们到底需要什么样的服务。

杨勋说过：“如何掌握市场和顾客关注的焦点？一，必须有顾客的心，时刻问自己，顾客需要一些什么；二，必须坚持顾客导向，而不是自己导向。我们的喜好，不等于顾客的喜好。”

说到底，不走“夸张”路，还是要先了解顾客要什么，才能有的放矢。

基、时、潮——穿什么，由你做主

无论是“不夸张”，还是“物超所值”，真维斯希望给予顾客的东西其实都很“简单”。所有细节，从顾客体验得来，最终回到顾客体验中去。如此简单之事，经年累月，于千万次尝试与推敲中艰苦得来。就像张慧仪说的，“我们大出血了以后，又经过止血，才有了精确定位”。

定位为“名牌大众化”的真维斯服装有三类款式——基本款、时尚款、潮流款，其中以基本款与时尚款作为主打，穿什么，由顾客做主。国际快消品牌也大多采取此策略，以“通用型”的产品为主线，既满足大多数顾客需求，又降低了库存风险。

但是，许多服装企业又恰恰因此策略陷入库存困顿。可知，此“简单”事，并不容易。这般“不容易”便引出：真维斯在具体的男女装搭配上继续细化。

来自真维斯的市场数据显示，男装的基本款占20%左右，时尚款占50%~60%，潮流款10%~20%；女装潮流款则更多，基本款20%左右，时尚款是50%，潮流款30%（详见图5–1）。

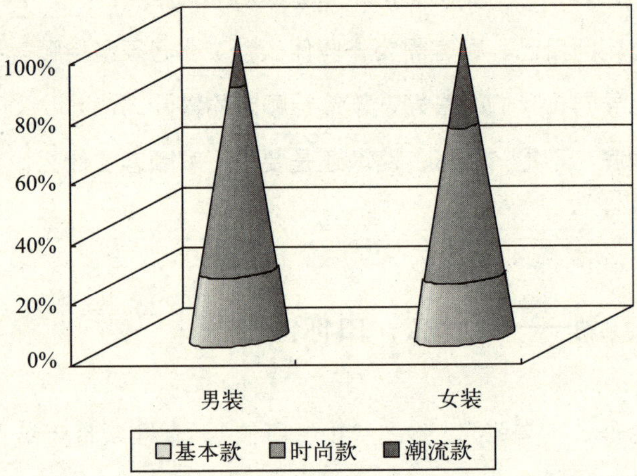

图5–1　真维斯男女装基本款、时尚款、潮流款比例

不同区域，市场基、时、潮的搭配也有差异。

四川卖得最好的是潮流款，基、时、潮三类货品比例是1∶1∶2，全国市场普遍比例是2∶1∶1。由此，四川货品搭配会加大潮流款比重。

图5–2显示了2010~2011年[①]真维斯国际口岸“基、时、潮”货品配货比例。与地区消费习惯相匹配，口岸B的时尚款配货比例一直略高于口岸A。

① 统计数据的获取时间为当年1月1日至11月30日。

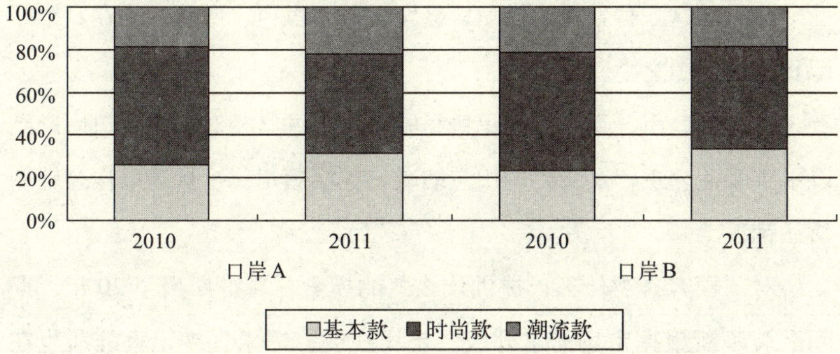

图 5–2　2010~2011 年真维斯国际口岸货品配货比例

从 2010~2011 年[①]总体配货情况来看（见图 5–3），真维斯加大了对潮流款和时尚款的配货比例，减少了对基本款的配货比例。这也在一定程度上体现了短期内真维斯对市场需求变化作出的反应，即迎合了该品牌消费者及潜在消费者日益追求时尚和潮流的趋势。

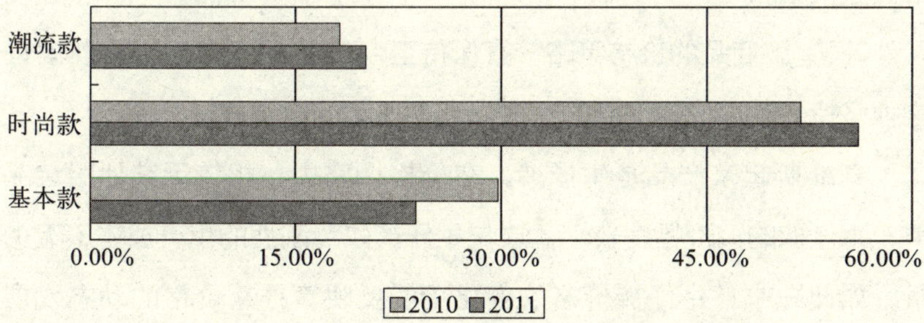

图 5–3　2010~2011 年真维斯总体配货比例

① 统计数据的获取时间为当年 1 月 1 日至 11 月 30 日。

不只是这三种款式的搭配，甚至尺码、颜色、厚薄，均在真维斯配货考虑范围之中。

在河北口岸，真维斯的销售经验表明：顾客相对保守，口岸产品以平实颜色为主，女装比例相应缩减，包括短裙、短裤等只作为辅助货品销售。

对“顾客喜欢什么，提供什么”的摸索，真维斯用了20年，期间品牌不断根据市场需求升级。市场在变、需求在变，真维斯也在变。而“变”的目的很简单——把名牌大众化；遵循的原则更简单——尊重顾客，穿什么，由顾客做主。

价格实在，服务好，还要“心态平和”

真维斯价格实在，很重要的一个方面在于其20世纪初实施的价格调整策略。

“民”牌商品的价格策略一直保持至今，10年间从未出现过偏移。这种坚持且不说成本控制的难度，光是执著就实属难得。

真维斯起家产品是牛仔裤，在价格调整中，相较于其他服装品类，牛仔裤的调价幅度较小，这与牛仔裤较为刚性的生产成本不无关系。如此一来，牛仔裤价格的变化更能反映真维斯价格的动态发展趋势。

2000~2010年，真维斯牛仔裤平均零售价格一直维持在一个较为均衡的价格区间。2001年“民”牌调整策略出台后，牛仔裤的平均零售价一直维持在每条120~142元的价格区间，10年间平均零售价格一直低于 2000 年的价格水平。

尽管平均价格一直处于波动状态，但从价格上涨年份的数据看，涨幅每条均未超过 10 元钱（图 5–4）。

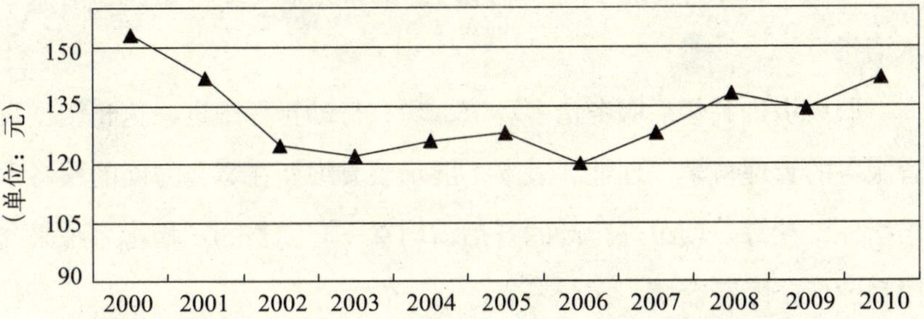

图 5–4　2000~2010 年真维斯牛仔裤平均零售价

“坚持顾客导向是企业持续成功的唯一方向。如果我们昨天能做到顾客导向，我们昨天便能成功；如果我们今天能做到顾客导向，我们今天便能成功；如果我们明天能做到顾客导向，我们明天便能成功。如果我们不能做到顾客导向，我们便不会成功。如果我们 50% 能做到顾客导向，我们便能取得 50%的成功；如果我们 80%能做到顾客导向，我们便能取得 80%的成功。”这是《创业 · 守业 · 人生》中的一段话，也是真维斯零售 20 年的写照。

当人们在解决基本需求后，往往会追求更好的质量和服务。在顾客可买可不买的情况下，影响商品能否成功售出的因素，“先在于颜色、款式、质量、价钱是否令客人满意，接着就是营业员的态度”。营业员友善热情，会赢得顾客好感，容易售出货品。

道理如此浅显，有哪一家零售企业不懂？只是，落实到行动上，这门学问却又深不可测。服装零售，不同顾客有千差万别的消费习惯和偏好，有人喜静，有人喜闹，有人犹豫徘徊，有人果断坚决。“以顾客为导向”说着容易，其实相当考验功力。

为使零售服务更科学化和制度化，真维斯制定了一套完备的服务承诺指标。

服装引进到售后服务诸多环节，均有行动指标跟进。这也使得零售服务的管理科学、理性。表 5–1 展示了真维斯在零售方面的服务承诺指标，在每一项跟进行动的背后，均有一套完整的子指标系统来支撑和评估，囿于篇幅，在此不表。

表 5–1　真维斯在零售服务方面的承诺指标

服务承诺	跟进行动
引进流行的服装	提供的服装以欧美设计为主
提供一个舒适、美好的购物环境	店铺要求整洁明亮，商品陈列有序
维持名牌大众化的形象	市场调查，名牌跟进
价格合理	市场调查，名牌跟进
品质保证	退换货程式
完善的售后服务	可安排免费改裤长

不仅有可量化的服务承诺指标作为依据，真维斯还摸索出一套“营业员要点”，从情感和精神的角度对服务作了进一步的细化，归纳为 8 个字：“热情、主动、微笑、爱语”。

第一点，热情。将顾客当做老板、朋友或亲戚，顾客进到店中，根据他们的形象与生活常识建立通感，待老板、长辈则恭敬之，对同辈、朋友则友善之。如此再三，便容易沟通相处，就会有“一见如故”的感觉，话题容易打开。

第二点，主动。积极沟通，不管买不买，只有主动才能赢得对方好感。当顾客进来时，趋步上前，表示关心和热情。

第三点，微笑。这是展示友谊的身体语言，当你自然地微笑，便会拉近与顾客的距离。

第四点，爱语。适当地称赞顾客，当顾客挑剔货品时，可以称赞他有眼力；当顾客不买衣服时，可对他说谢谢，有空再来。总之，谨记一句话：“顾客永远是对的。”千万不要违逆顾客的意思，若真有错，错在自身——“因为没办法令顾客完全满意，自己没有做足100分”。

8字方针——“热情、主动、微笑、爱语”强调服务好，而“服务好”有个前提条件是营业员“心态平和”，要有一颗“平常心”。

心态平和还意味着“不鼓噪，不变脸”。

如果顾客没有找到合适的衣服，别牵强，可以建议顾客暂时不着急购买，过一段时间等新货上架之后再来。河南口岸副总经理手机里存着很多老顾客的号码，“有新货时，我根据对老顾客们的了解，打电话通知他们过来看看。买不买无所谓，大家见面聊聊天也是好的”。

大部分真维斯店员还有一种普遍心态，顾客想要什么，尽心尽力给他什么，给不了的，也希望其他品牌能够提供，真维斯只要做好自己的这一部分就足够了。

通常情况下，服务质量可以通过顾客满意度来考察。

在建立科学指标和提供情感服务的基础上，真维斯发展出一套完备的评估体系，由对顾客满意的确认，审查服务中可能存在的问题，纠偏与校正，完善服务体系、提升服务质量。

针对顾客、店铺、店员的定期调查与分析，总结和发现问题（如表 5–2 所示）。

表 5–2　顾客满意度确认

业务	指标	频率
零售	顾客投诉热线分析	每月一次
	全国神秘人士调查	每年一次
	全国市场调查	每年一次
	全国贵宾卡顾客调查	每两年一次

顾客忠诚法与价值绝对论

惠州学院党委书记杨海涛 20 世纪 90 年代买了一条真维斯牛仔裤，“忘记是在哪一年买的，但裤子到现在还在，偶尔穿，质量非常不错，挺好”。

2011 年 6 月，真维斯在各口岸门店随机抽取了 30 位 VIP 顾客进行问卷调查。调查结果显示，被访者女性居多（60%），年龄集中于 18~30 周岁（66.7%）。大多数被访者（73.3%）声称首次穿着真维斯品牌服装是中学或小学，被访者购买真维斯品牌服装多为自用（66.7%），赠送他人也有相当比例（33.3%）。赠送对象多为同辈和晚辈（包括子女）。

调查显示，与同等价位的其他品牌比，全体受访者认为真维斯的质量高于或等于平均水平，没有受访者认为真维斯的质量比同等价位其他品牌的服装质量差。

与同等质量的其他品牌比，绝大多数受访者（93.3%）认为真维斯价格更低或与之持平，仅有6.7%的受访者认为真维斯的服装价格更高。

在被问及真维斯性价比时，56.7%受访者认为性价比高或较高，较少受访者认为品牌的性价比低或较低。

在被问及“用6个字形容对真维斯品牌服装的第一印象”时，受访者的回答主要集中在款式和性价比两个方面，认为真维斯是一个“适合年轻人的”、“简单大方的”、“大众化的”服装品牌，同时也觉得该品牌的服装“舒适”、“质量好”、“实惠”、“物有所值”、“性价比高”。

顾客对品牌的“忠诚”，源于企业对顾客“期望价值”的满足。上述问卷调查可看出，真维斯的衣服，定位为物超所值的“时尚必需品”：顾客能穿，能买，还穿得好看。

第一，“都能买”。

真维斯产品价格合理。真维斯做过调查，在西北区，平均两个中学生中有一个消费过真维斯。物美价廉，学生也能承担，最重要的是，品质有保证。一些1996年买过真维斯的顾客，现在衣柜里还有真维斯的T恤，而且还能穿，这又说明“必需品”在品质上也能吸引顾客——经过时间考验的品质，即“物超所值”。

以真维斯的主打产品为例，图5–5详细列明了一条牛仔裤的生产成本。

一条零售价为120元的牛仔裤，最高的大类支出为50.4元，用于原材料和加工费用，也即“购买生产牛仔裤所需的靛蓝布料和各种辅料与配件，如拉链、纽扣，以及工厂的加工制造费用”，占到零售价的42%。

店铺租金及人力成本也是一笔不小的支出，占到了26%。根据平均估算，若消费者购买一条零售价为120元的真维斯牛仔裤，其中有31.2元被间接地投入了房东的存钱罐及用做支付店铺人员工资福利。

实体店租金成本居高不下是不争也难以改变的事实，不过真维斯开始建立电子商务，通过网络售卖的方式能进一步降低这方面的开销。

店铺营运的其他支出，装修折旧、水电杂费，平摊在一条牛仔裤上，约为6元，占零售价的5%，而用于形象宣传、购物袋、包装等支出，大约在零售价的5%左右。和其他休闲品牌重金聘请明星代言造势或在各类媒体播放广告的宣传方式不同，真维斯投放在电视、公交车身、明星代言等广告与宣传活动中的费用所占比重极小，以此换取更多的是与消费者共享的价值空间。

生产和销售一条零售价为120元的牛仔裤，真维斯及工厂需要支付20.4元的全环节增值税，占到零售额的17%。企业通过纳税来行使社会责任，这一部分的成本是刚性的、不可回避的。

除此外，行政费用和利润占到零售价的5%，若再刨去行政费用，就是说，销售一条牛仔裤，真维斯净利润不足6元，这的确是实实在在的“名牌大众化”。

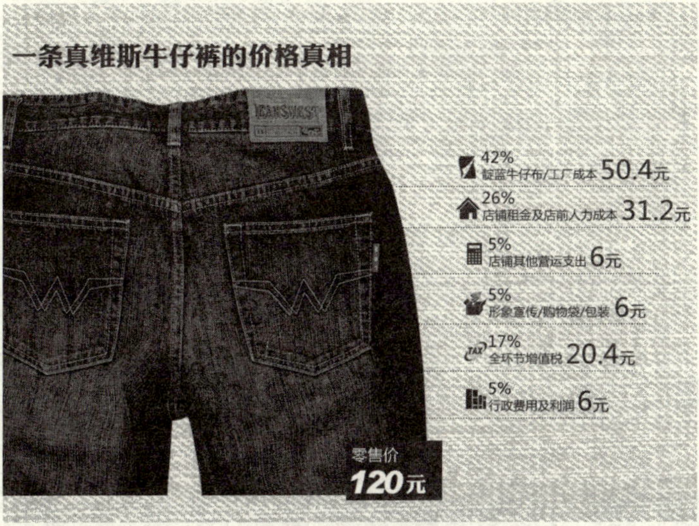

图 5–5　一条真维斯牛仔裤的生产成本

第二，“都能穿”。

真维斯门店产品比例，搭配大量基本款和时尚款。虽说众口难调，但这两个款式简单、做工精致、风格趋于中性，进店的顾客都能穿。

第三，“穿得好看”。

这是更深层级的考量，涉及真维斯另一个营销策略——衣服风格统一，所有单品都能搭配。“可以单件T恤、裤子、外套，也可以一整套搭配穿。”

“顾客忠诚法”的另一个层面涉及产品的基础——“绝对价值”。

一个简单的例子，为什么现在有一些二手名牌交易市场？因为几万元的提包，其实满足的是某一时刻的需求，而不是“必需品”。同样的，奢侈品的售价是包含了诸多成本的最终体现，不仅是“绝对价值”。比较之下，真维斯想提供给顾客的就是实在的“绝对价值”。也许，顾客会在一段时间之后觉得购买的这件T恤不够时尚，但绝对不会感到这件T恤“不值”，更不会觉得做工不好、穿着体验不舒适。

一件售价几十元的T恤，体现的最大价值，必然不是印花、款式，而是T恤本身的品质——“穿十年八年还在”的品质，这就是顾客直接体验到的“绝对价值”。

品牌经验：必须明白核心使命是什么

JEANSWEST

真维斯的核心使命是为顾客提供“物超所值”的产品。

从浅层次讲，顾客是企业的生命线。只有目标消费群体愿意付钱，真维斯才能把物品转化为商品，把各方动员配置的经济资源转化为财富。延伸到更高层次，“物超所值”的目的是提高顾客的生活品质。

为了让顾客满意，真维斯坚持将顾客的选择作为企业的选择，顾客的选择标准才是真维斯设计产品的标准。大众化消费群体的消费理念是“一方面喜欢潮流，但又反感流行元素中的夸张成分”。真维斯对流行元素恰当取舍，提供时尚又不出格的服饰。

当然由于地域、文化、年龄、性别、性格等差异，即便处于相同的消费群体框架，人们仍然有不同的穿着喜好。杨勋经常说：“每一款服装的设计，出发点站在企业利润的角度没有错，但更需要考虑衣服最终是卖给消费者的。顾客是衣食父母，这在任何时候都不会是陈词滥调，而能够在保证品质的基础之上，根据顾客的需求不断调整、创新，这才是品牌最好的进攻优势。”

JEANSWEST

第六章

真维斯拿什么给员工？

国际知名酒店“四季酒店”管理者伊萨多·夏普在口述著作中提到一个细节：

夏威夷超级度假村招聘的一线员工都是当地甘蔗林或者菠萝园里做重体力活的人，拒绝其他“有酒店工作经验”的人。原因是，“经验”像坏习惯一样易学不易改，而四季酒店首先要教它的员工如何处理事务、提供服务。事实证明，新来的员工很珍惜工作机会，更容易被塑造成令顾客愉悦的服务人员。

经典管理学的理念演绎至现代企业的发展之路上，有了许多衍变，但关于“人”的话题，历久弥新。

在杨勋看来，真维斯除提供给员工经验、薪酬、职业空间，如何赋予自己的员工与众不同的东西，并帮助企业形成与众不同的特点，这才是一家杰出企业的灵魂。

人、货、店，注意“排在首位的是‘人’”（上）

通常情况下，公司经营首先需设定一个方向，然后招徕人才。但杨勋认为：企业“从优秀迈向卓越”，很大程度上，关键不在于做什么，而在于能否找到合适的人，就如《论语》中说的，“舜有臣五人而天下治”。杨勋的观点跟吉姆 · 柯林斯的调查一致：大多数优秀企业首先不是明确目的，而是把合适的人请上车，把不合适的人请下车，各就各位，然后才决定把车开到哪里。柯林斯在《从优秀到卓越》一书中把这种做法定义为“先人后事”。

因此，杨勋把品牌运营成功的经验归纳为三点——“人、货、店”，“人”排在首位。

如果把真维斯进入内地之前的“旭日史”定为“前传”，真维斯在内地 20 年则为品牌“正史”，不难感慨——真维斯之所以迅速打开内地市场，“人”的重要性无可替代。

"人"之举重若轻，最早可以追溯至1980年冯亮作为第一批旭日人来内地开疆拓土。

冯亮与杨钊、杨勋同乡，从小认识，彼此知根知底。1968年冯亮来到香港，1978年加入旭日。中间10年，冯亮凭着头脑聪明、手脚勤快，从打工仔成为老板，拥有了自己的制衣厂。

1978年旭日扩张，杨钊对冯亮说："你过来，大家一起搞！"冯亮答应了，转让了工厂，到旭日制衣厂担任车间主管。当时，杨钊、杨勋计划在内地建厂，因为不了解珠江对面的状况，决定派几个人试试水。内地是熟人社会，倚重关系，杨钊、杨勋一帮人早年闯荡香港，熟悉了香港的一套竞技法则，自然疏离了内地的游戏规则。让谁去，这是个关键的问题。

杨钊、杨勋商量后，一致评价冯亮为人处世分寸把握妥当，派他去或许合适。于是，冯亮被告知去贸易量最大的河北。可临行前，杨钊突然改变主意，派他去湖北，理由是湖北水深，需要一个灵活的人，"俗话说'天上九头鸟，地上湖北佬'，冯亮你去搞定"。

1980年的一个雨天，冯亮拿着"公司给的名片、5 000元外汇券和订单合同"重回内地。广州火车站，阴雨霏霏，望着汹涌人流，冯亮与两位同事带着行李，感到一阵眩晕。

到武汉，企业在当地招聘的三个外贸部门的大学毕业生接待冯亮他们。他们把冯亮安排到汉江饭店，随即就和他在宾馆一起开始分拣拉链。冯亮看出几个小伙子"人实在，想干点事"。

那时，冯亮小孩才两岁，可谓"抛妻弃子"。人地两疏，"局面艰苦，难打开"。他心想，"如果生意做不好，对不住家庭，更不要说自己”，于是明确意念，“干什么像什么，要么不做，做了就要成功”。幸运的是，有三个勤劳可靠的年轻人打下手，冯亮省去不少麻烦。如此这般，武汉市场打开。事后，冯亮说：“最重要的还是人。”在向河北、北京、江苏、河南以及山东等地推进时，他也先将合适的人“请上车”，再决定采取何种方式打开本地市场。

后来，冯亮调回香港，升任集团副总，依然强调用人意识：“用什么人来做，能达到一个怎么样的效果？”“不光自己做好，还要把一帮人团结好。”

人、货、店，注意“排在首位的是‘人’”（中）

创业伊始，需要灵活；发展起来，更重规范。但无论如何，都得选择合适的人，并赋予其超越物质的价值使命。

冯亮说：“干什么都是一样，问题是有没有人。企业有了灵魂人物，干什么都成。”毫无疑问，扮演冯亮“伯乐”的杨勋是真维斯的灵魂。真维斯有许多口岸，口岸下又分板块、区域、店铺。单独看，大到十几个口岸，小至2 800多家店铺，都是一个团队，每个团队都有各自的“核心人物”，他们是真维斯在内地市场穿行的根本动力和不绝源泉。

两度入职的河南口岸副总经理，就为真维斯带来很多不一样的东西。

河南口岸副总经理财务出身，因无法忍受懒散闲适的体制生活，应聘到真维斯做店员。起初她站在店里很闷、很困，无精打采，于是想：“困也是一天，精神也是一天，为什么不精神一点呢？”

她主动找事做，把衣服一摞一摞叠整齐，顾客来了热情招待。半路出家，没有销售经验，她却从衣服洗标上学到不少知识，又学以致用地向顾客讲解：毛衣产自哪里，牛仔裤哪里生产的，布料成分、质量如何等等。顾客受用，聊着聊着便决定试穿，感觉不错，就愿意买。结果，很多人结账时开玩笑地说：“不对啊，我本来出来散步的，怎么买衣服了？”

一次，杨勋视察口岸，听说河南口岸两件套（里面短袖，外面长袖，双件一套，一般南方人喜欢这么穿）卖得不错，感觉奇怪：“怎么会有南方人跑来这边（河南）买衣服？”河南口岸副总经理解释：“南方人在这里做生意的很多！有做家电的、做家具，他们会买。”从此，杨勋注意到这个聪敏的姑娘。

企业在培养人才方面，湖南口岸副总经理深有感触：“初进入真维斯时我才19岁，所学专业为‘财务’，与零售丝毫无关。”从店长做到区长、业务经理、业务副总，一直到2011年升任湖南口岸副总经理，每年的培训，每日、每周、每月的工作总结流程，“就是这些扎实的工作令自己成长起来，能担担子了”。

真维斯对职位要求绝不轻松，岗位较强的涵盖性对任职者形成了一定的挑战，但同时也给职员发挥的空间，使其将与任务相关的优势转化为现实成果。

再者，从杨勋自上而下，真维斯的管理者择人不在于“能否与自己合得来”、“他贡献了什么”、“他不能做什么”，而在于“他能做些什么”。作为一个卓有成效的管理者，杨勋在作出决策将某人安置于某职位时，会认真斟酌，再给予他相应的职位。

如此看来，人、货、店，谁说“人”的价值不应该排在首位?

人、货、店，注意“排在首位的是‘人’”(下)

德鲁克有一个著名的观点：“工商企业（或其他任何机构）只有一项真正的资源：人。企业通过富有活力的人力资源来完成它的任务。”

与德鲁克的观点呼应，西方商业世界有如下故事：

> 一次，福特公司一台马达坏了，所有技术人员都没能修好，只得另请高明。一名叫坦因曼思的德国工程师闻讯而来，在马达旁聆听片刻，要了把梯子，爬上爬下观察，最后用粉笔画了一道线，在旁边写道：“这儿的线圈多了16圈。”把多余的线圈去掉，马达果然恢复正常。亨利·福特得知此事，非常赏识坦因曼思的才华，拿出丰厚的薪水，邀他到福特工作。坦因曼思冷静地拒绝了盛情：“我现在的公司对我很好，我不能忘恩负义。”

为得到一个人才，即便高傲苛刻如亨利·福特，也有屈尊下顾的一面。

时下，很多企业的老板“求贤若渴”，为得到某人，开出高薪、允诺期权等种种物质诱惑。既然称为“人才”，自然有其能力，享受高薪并不为过。可以金钱作为招徕人才的唯一武器，究竟能够挖来多少人尚且不论，谁又能保证他不会被更高的薪水所打动?

真维斯给员工的薪水对比整个行业，只算中等，一个把营业额从几百万元提升到千万级的店长，工资不过几千元。但是，杨勋30多年前说过，“有我一天当总经理，就有你们一天发工资，不用担心”。这家追求平稳、低调、实在的企业坚持“困难时期不裁员”，坚持“不管经营形势好坏，员工都能按时、足额拿到薪水”。

稳定、可靠、准时、尊重、有成长性且富人情味，除了薪水，这些都是真维斯努力给“人”提供的。“人是情感动物，你尊重他，他才能积极地去工作。”杨勋说。

杨勋不赞成员工加班。有外国记者问：“怎么解决加班问题，服装厂怎么能不加班？”杨勋回答得无懈可击：“我的生产能力有多大，就接多少订单，就可以不加班。”

杨勋是老板，他不鼓励加班，但自己经常加班。他相信，高效率的员工能充分利用好工作时间，平衡工作与生活。事实上，真维斯有一套提升工作效率的法则：

一、订立明确的目标；

二、明确责任；

三、下放权力；

四、订立赏罚制度；

五、定期检讨、切实执行。

用《创业·守业·人生》一书中的话总结：“以上为法家思想，就是以理以法去管理企业。”除此以外，尚有“儒家思想”，也就是“兼之以情”：

一、以身作则；

二、己所不欲，勿施于人；

三、关心下属，帮助他们解决工作和生活问题，若有可能，甚至关心他们的家人；

四、到第一线去，为员工打气，使大家振奋。对待客户，则要多接触以建立友谊；

五、定期开业务会议，让各个主管共同交流成功的经验和失败的教训。

杨勋相信，制度与态度结合，能产生动力，提高热情，调动积极性。

说到“普通店员成长为基层管理者”，杨勋说，尊重员工的体现还在于——珍视成长诉求，设计合理的升迁、薪酬制度。

多数员工，最现实的关心是收入多少。与国内多数服装连锁品牌一样，真维斯一线店铺员工薪酬执行“达标制”，即：店员实际收入=薪酬系数×基数×达标率。

不同地区的店铺，员工基础工资与当地经济水平挂钩，各有不同。一般来讲，沿海地区店铺员工基础工资高于内地；员工级别不同，薪酬系数也有所区别。具体如下：营业员为1.0，高级营业员1.25，带班高级营业员1.35，副店长1.5，店长1.75，高级店长2.0。

所谓“达标率”，指整个店铺完成指标的程度，旨在形成团队协作和竞争意识。如果100%达标，拿全额工资；超额完成，按照超额度发工资；不达标，虽按达标率计算，但也有保底限度，一般为

80%，对于未达标店铺员工，即便达标率仅70%，也按照80%发工资。不难发现，薪酬系数和“达标率”是决定员工薪水高低的两个重要指标，这实际上相当于将确定收入多少的主动权交给员工个人，业绩出色，所在店铺完成指标，收入水涨船高，而且有助升职。

好的制度有助组织中的个体发挥潜能，形成正面激励和良性互动。真维斯店长极少外聘，管理层也绝少空降，大多来自自己员工逐级升迁。优秀的店员在自己的店铺内，由普通营业员到高级营业员、副店长，做到店长。业绩出色，则跨店调任，从C类店调去B类店，再由B类店调去A类店——真维斯店铺分为ABCD四类，A类生意最好，工资最高。店长之外，又有区域管理区长，一个区长管理8~10家店铺。

店长、区长，业务经理、业务总经理，职位层层提升。可想而知，在一处长久工作，当普通员工因工作出色被提拔时，这家企业的理念和文化已经潜移默化深入人心，他们对职位的认同已上升为对企业的情感认同。

人、货、店，“排在首位的是‘人’”，说到底，这是一个双向的过程：员工给企业带来什么，企业也会以自己的方式回馈给员工。

员工与总裁的对话

任何组织，上下级之间的沟通都是极为重要的管理内容。美国著名未来学家约翰·奈斯比特指出：“未来竞争是管理的竞争，竞争的焦点在于每个社会组织内部成员之间及与外部组织的有效沟通。”

时至今日，奈斯比特的观点早不新鲜，员工与老板对话也被不少企业奉为圭臬。不过，这些企业在对话机制、沟通效果、认识误区等方面未必真正见长，多半流于形式，或浅尝辄止，停于表层。

企业均有性格，很多时候，企业的精神气质和价值观，说白了就是老板的精神气质和价值观，企业管理的个性也多少体现了老板的个性。

杨勋眼中，“管”，强势；“理”，柔势；管理，起点为修己，终点为安人。因此，管理是种上行下效的沟通历程：企业运行，上层决策与下级反馈密切关联，老板需要将所思所想传达给员工，员工希望把实际问题反馈上去。所以员工与总裁对话十分有必要，既能“达成某种意见上的统一，提高对话效率”，还是一种人情味的表现。

在真维斯，从口岸经理到区长、店长，乃至一线店员，每名员工都有很多机会与老板面对面对话，彼此没有距离，老板也不会摆架子。

华中区副总经理刚当上湖南口岸副总经理时，尽管深得杨勋器重、作为全公司三个内地籍口岸经理之一，华中区副总经理回忆当时的心态是“压力很大”。

一天，她在公司遇到杨勋，杨勋耐心地询问了她上任的情况，然后说：“以后每周二晚上 10 点，我们通个电话。”

“虽然我升任口岸副总在公司比较新鲜，但在公司架构里，这个职位离老板的距离还是比较远的。”华中区副总经理有些忐忑，但还是拨通了杨勋家里的电话。

电话中，两人先是讨论了上周湖南口岸的销售情况，再计划未来一周工作安排。大到怎么出货、小到商场店增设花车，事无巨细杨勋悉心指点。华中区副总经理说："只要你愿意学，他就愿意教。"多数时候，通话时间会长达一个多小时。

后来两人通话形成固定习惯，大约持续了一年之久。

当时是2000年前后，真维斯口岸经理几乎都是香港人，杨勋与华中区副总经理的对话，工作本意是把旭日在香港的经营理念传达给内地市场，同时直接了解口岸市场反应。不仅如此，杨勋也有培养本土管理人才的目的。

而这一年多的电话给华中区副总经理留下的印象之深，帮助之大，则远远超出了杨勋的预期。直至今天，华中区副总经理一旦遇到工作，甚至生活中的不解难题，依然能直接电话杨勋，毫无顾虑。

杨勋说："品牌发展必须要有人，我希望按照既定的步骤把班子搭起来，把我的经验毫无保留地传递给员工。所以，我与职员座谈、对话，教他们端正工作的方法。"他每月都会到一个口岸，跟当地普通员工交流，每到口岸，必举行座谈会，大家不拘形式、畅所欲言。

杨勋记得有一次请口岸店长们吃饭。一桌人多是20岁上下的年轻人，他们第一次见到老板，有些拘谨。杨勋便和他们开玩笑，众人紧绷的情绪逐渐放松，这时，有人大胆地说了一句："老板，我们希望涨工资。"

要求有点突兀，杨勋听后笑了。"这就是一线员工关心的问题。"他口气平和地说，"一个企业，钱靠大家赚，做得好，工资该涨，但也不能是做好了一天就涨工资。"

普鲁士军队中的改革家格哈特·冯·沙恩霍斯总结出以下经

验："一支军队过分依靠一两个能干的将军十分危险，因为必须配备训练有素的干部队伍和有天分的年轻官兵，以便向指挥官提出独立的意见。这就是管道和参谋概念的起源。"

作为第一线的普通员工，他们的服务是否到位直接影响着顾客对企业的品牌认知与忠诚度；而且他们从第一线反馈的信息，也是企业进行产品设计、变革的重要依据。任何时候都不能忽视一线员工的声音，要给予他们足够的尊重，尊重来自物质，也来自精神。

无论华中区副总经理这样的中层管理者，还是普通一线员工，和杨勋坐下来平等对话的机会都不在少数。两者差异在于，前者交流频繁、深入、互动性强；后者往往是事关实际问题的对答，宽泛、直接且类型多样。类似"涨工资"的要求，杨勋不会轻易承诺；不过，一旦许诺，条件成熟时，杨勋一定会兑现。他每次去口岸，总会有一批座谈中表现出众的人升职加薪。在别的公司，这样的机会似是偶遇，在真维斯，则是对话下的常态。

对话的最终目的是达成某种结果。信任、理解是前提，在此基础上，还要证明建议的合理性。大进商品开发部总监的感受是："这个老板有自己的一套，可也不排斥相左的建议，只要能提供足够的'证据'——不能光说这个好，你必须给他证据，例如世界各地搜集汇总的资讯。即便有此，老板可能还不相信，但他至少会给你尝试的机会。"

不过，值得注意的是，平等对话，不等同"滥用"对话权力。

北京口岸一度出现这样的现象：杨勋有时候跟一些分管业务的人说"有事情你打电话给我"，口岸有些不自觉的人，以为自己跟老板能直接对话了，就不服从当地主管安排，会议上经常说"这是老板讲的”，造成内部沟通时推诿排斥和效率低下。

康荣镇被派去接管北京口岸，遇到这种情况，他在会议上明确说：“关于这件事，老板跟你是这样讲的，你让老板打电话给我。”对方若知理亏，自然闭嘴。

日本“经营之神”松下幸之助说过两句至理名言：“企业最大的资产是人”；“企业管理过去是沟通，现在是沟通，未来还是沟通”。商业竞争归根结底是人的竞争，不断沟通就是通过有效交流强化个体的存在感、对组织的责任感和依存度，提升其整体价值和竞争能力。

不同的企业有不同的沟通方式，不局限于“总裁与员工的对话”，真维斯还有一个行之有效的方法——“经理会”。

经理会是“灵魂的舞台”

由于身份、立场、视角、高度不同，领导人对生活、事业的把握往往比普通管理者更具视野，因此很多时候后者不可能完全领会前者意图。在真维斯，杨勋会定期请经理吃饭，一群人坐在一起，“不代表公司和部门，只代表自己。大家聊天，畅所欲言”。

非正式的“经理会”承担了补充交流的作用：宽松的氛围中，各个口岸、部门的经理们自由讨论，发表观点的同时体察对方思路。

第一期至今，经理会举办了七届。每次开会，不定题目。杨勋引导讨论，也会表明观点，但绝不将自己的想法强加于人。可是他发现：“每一个跟我开会的人都很紧张。”

原来，经理们认为谈话时一高兴就容易忘形，暴露自己的不足，会被老板挑到毛病。于是，杨勋每次开会前，都会鼓励大家抛开身份顾虑，平心静气地交流，暴露不足才能有进步。

经理会的目的，不仅是工作交流，还能教会经理们“懂得生活”。

一名经理跟父亲闹别扭，六七年不说话，十分苦恼。有一次，他在经理会上向杨勋请教。这个年轻人很怨怼：“我父亲不讲道理，什么都不听别人的。”

杨勋问：“他的出发点是不是为你好？”

“是为我好，但方法不对。”年轻人依旧不理解。

杨勋反问：“方法不对也是你父亲。连父亲都不能容忍，怎么跟别人交朋友？”

年轻人不再吱声。两个月后，杨勋再见到他，后者满口感谢。听了老板的开解，这名经理回去后买了一种父亲喜欢吃的食物，主动示好。父亲高兴了，过了几天，回赠了一件儿子也喜欢的礼物。父子间“六七年不说话”的僵持局面被打破。

还有一次经理会，有个信息技术部经理跟大家抱怨：“我们的电脑用得太差劲了。”

真维斯的信息化应用在业内外都算绝对拔尖，这位经理的话立即引发了强烈的反对。但是，信息技术部经理毕竟更懂电脑，他对质疑逐一反驳。场面热闹，谁也说服不了谁。杨勋一直没有发言，等双方平静下来，他问信息技术部经理：为什么有这样的评价？

“我们现在对电脑功能的开发与运用还不到其功能的10%，所以很差劲。”

“你这个观点我同意。不过，我们做得不好，跟外面比怎么样？

有没有比我们更好的？”

“没有。”经理回答。

杨勋又问：“你判断第二名跟我们差多远？”

“那也差挺远。别的企业用到5%的都很少很少。”

“你觉得做得不好，那说明以后我们要更努力。同时，管理学里讲，做得最好的、最完美的东西，成本最高，利润却不一定最高。搞信息化，就是要在品质和成本之间找到平衡点，也就是要利润。我们追求的东西，不要100分，有85到90分就可以。”杨勋侃侃而谈。

经理会就像一个分享人生经验的平台，“男女朋友吵架都可以说”。有期经理会，大家聊到了爱情，杨勋突然发问：“为什么现在的人很容易分手？”

大家七言八语，纷纷表态，有人归咎于社会风气，有人强调年轻人爱情观的蜕变。杨勋笑了：“说到底是人心态变了，刚谈恋爱的时候，爱情大于一切，大家互相忍让，有问题也压住。蜜月期一过，问题暴露，相互挑毛病了，又互不谦让，感情完了。所以经常说，一段感情，一个家庭，需要无私的奉献，这样才会幸福。”

万豪酒店创建人马里奥特有一个嗜好是与员工聊天。他经常坐在酒店大堂沙发上，倾听员工诉说家庭问题。马里奥特坚信：“员工关心的事，以及他们的困难，永远值得倾听。”巧合的是，同样在杨勋看来，爱情、婚姻、家庭，看似与公司管理无关，但处理不好，也会连累公事，这在西方管理学中叫“不为工作而工作”。

很多企业往往公私分明，这本身没错，但矫枉过正，可能会造成“漠视家庭”的偏差。人皆有情感、有思考，经理会就是一个让平时专注工作的经理们放松心态、思考人生的“灵魂舞台”。不仅如此，杨勋还经常邀请经理们到自己家做客、聊天，每月行政会后，几十号人涌入老板家，聊意犹未尽的话题。

真维斯国际加盟部高级经理感受深刻：“老板既像长辈，像老师，还像朋友。”

随着新人不断加入，经理会日益壮大，又有了高企班，也是日常培训之外“老板给的学习机会”。真维斯国际加盟部总监则评价杨勋：“他重视每一位员工，从工作到生活。”故真维斯才有“猎头挖不走的人”。

培训主管一年的工作任务

无论“经理会”，还是“与老板直接对话”，再好的理念，老板都不可能事必躬亲传导至每一个一线员工，这需要一个组织机构来承担。

任务由真维斯国际培训部总监负责，她的工作分为三个部分：店员和店长的一线培训、定期市场调研、公司管理层培训。

第一部分工作又分两个方面：一方面员工在其职业生涯头半年或者一年，会相应地进行不同的课程学习；另一方面根据岗位变化也会进行不同的培训，每个员工每年至少要接受2~3天的培训。

店员的培训内容主要是服务和销售，但到店长这一级就涉及管理和数据分析等更专业的培训。真维斯的店长通常由店员晋升而来，因此培训具有连续性。一旦升职为店长，首先上岗培训，为时两天。此外，每隔半年到一年会有内容侧重点不同的培训。

服装行业的“江湖”说大也不大，圈子里的人很少有难以参透的“秘籍”。真维斯的培训内容和其他公司最大的不同在于“起步比较早”，培训内容、范围“比较全面和实用”。培训部总监说：“别的品牌也有企业大学，会举办一些比较大型的讲座，但针对老总级别的比较多。像前线员工做得这么细致的，暂时还没比我们更好的。”①

真维斯在早期就组建培养了内部培训师队伍，负责公司内部培训。为了不断提升员工的专业性，部分课程与外部顾问机构及大学合作。按不同职级，每人每年接受16~40课时不等的培训，真维斯用于员工培训的资金投入，占到人力资源成本费用的1%~3%。

表6–1　不同职级员工的培训体系建设

职　　级	培训体系	课程内容
行政人员	高级企业管理课程	企业经营理念建设 营运策略规划 人力资源战略
经理级	企业管理基础班	人力资源管理 财务管理
副经理级	品牌管理学	品牌营销策略 店铺营运管理
主任级	店铺管理学	店铺运作流程管理 产品知识
文员级	店铺营销学	服务意识 产品知识

① 补充内容见后文“花钱原则：不怕多花钱，就怕乱花钱”。

培训体系的建构依托于两个要素：启动时间早以及与院校的合作。依托院校的师资力量与教学资源，这又涉及培训部每年的第二个任务——市场调研。

为什么培训主管负责市场调研？因为调研报告不仅作为市场的反馈，整个调研的过程同时也是针对企业大多数员工的实践培训。

针对“神秘顾客调查”这种方式，真维斯并不要求做这项调查的学生调查员故作深沉，而是事先会把店铺的服务标准告诉他们，让他们“就跟平时买东西一样，以顾客的身份到店铺体验”，然后，分门别类地把要求的和实际的差异写出来。

在这过程当中，店员并不知情，在结束调研之后，才会得到反馈，从而回头反思自己面对顾客时，是否能做到始终如一，而不是为了迎合调查刻意惺惺作态——做事、做人，时刻保持职业性，这正是真维斯店员训练有素的原因之一。

对于合作院校而言，市场调研也是一种“培训”。

从真维斯在上海开出第一家店铺开始，他们就和当时的上海纺织学院接触，让校方帮忙做市场调研。彼时后者从未做过市场应用类的调研，忽然有了这么一个机会可以将书本上的知识和商业实战结合起来，学生颇感兴奋。

合作了两三年，发生了两个变化：一是方式多样化，除定量的问卷调查，还增加了定性访谈，内容涉及市场定位、竞争品牌、服务水平、顾客满意度，每年的调查项目不下50个；二是合作范围扩大，口岸越开越多，有些口岸有2~3家合作大学。直到今天，真维斯合作的大学超过20家。

就这样，真维斯的智力资源网慢慢建立起来。实践中，真维斯又分别对企业与院校进行各取所需的培训，最终得出的调查报告则具有极强的市场指导意义。这项工作，可谓“一石三鸟”。

若有人认为市场调查纯属走过场，装门面，那就大错特错。事实上，调查的报告经过三个关卡最终定型，而问卷数量之庞大，均保证了报告质量。

第一关是口岸，不同学校做完的报告，根据不同的项目，先在口岸内作一个汇总；第二关是总部的R&D部门——研究与发展部，他们会在统计学范畴审查整个报告的可信程度；第三关是最终形成的总报告，交到培训部总监手里。

培训部总监拿到的这份总报告，必须建立在至少8 000份有效问卷的基础上。为了达标，即使是街头调查，每个定点的问卷数量也至少有200份，每年11月~12月初形成最终报告。①

培训部第三个工作是“公司管理层培训”。与普通员工的针对性培训不同，管理层培训的重点不再是具体细节，而是“通才”式培训——人员管理、货品管理、市场管理。

培训部的三项工作，让企业与员工方向上保持一致；而对于员工个人，则赋予了他们在休闲服饰行业内通行的职业素养。

当然，培训的目的在于实现企业与员工的共同愿景。为此，培训部的工作绝非一成不变。如杨勋提出“2014年真维斯销售额上100亿元”的目标，对于培训部而言，100亿和现在的40亿下的培训模

---

① 报告送至杨勋以及两司部分负责人手上，成为新产品设计、开发、采购、服务改进的重要参考依据。

式必然有所不同。

如何进行有针对性的改变？

首先是形式上的改变：以前都是面对面，培训部开班上课，现在则建立了网络学院，把一些不需要讨论、能够直接带出来的信息放在网络学院，未能及时安排课程的人就能通过这个渠道进行学习。“现在40多亿就2 000多家店铺，到100个亿的话，人员更多，培训成本更高，效率要保证，必须通过网络。”

在这个转变的基础上，培训部的主要资源就放在店长级以上的员工培训上，因为这类雇员稳定性比较高，而且在店铺里，店长就像“家长”，“家”会变成什么样，由“家长”决定。他是活泼的，店员就变得活泼；他是沉默的，那这个“家”也会比较沉默。

事实上，这种资源的分配，即便不是因为一线员工的高流失率而作出的改变，也必然会被企业采用，因为“以点带面”是西方管理学中的一个重要理念。

第二个转变，是扩大合作院校的范围。利用高校资源进行市场调研，也和一些大专院校合办“零售精英班”，通过它们的渠道为公司发掘员工、培训员工，培训部的侧重点就变为课程的统筹、把关。

“零售精英班”的学员分两个部分，一部分是学校里现成的学生；另一部分则针对真维斯的招聘需求，由学校负责招收有意向转职、有少许经验或者刚毕业的学生来参加课程。培训的内容和其他渠道进入公司的店员并无区别，这实质上是让学校分担了企业的培训任务。

回首过去，一切如昨日旧事。培训部总监自己也从诸多记忆中一路收获颇多。“别人看来，培训的人就是万能的，什么都要懂……”可她坦言，“刚入职时，有很多东西不懂。不懂，就去学。”真维斯从几个门店扩展到几个口岸，店员上岗培训，培训部总监用心颇多。每天面对年轻的售货员，她做得最多的就是鼓励他们。公司发展，口岸多了，总部人员也多了，她从讲师变成一个课程的设计者。再后来，公司做网络培训，不熟悉电脑的培训部总监尝试跟普通雇员用QQ沟通，“总有学不完的东西，工作内容总在不停变化”。

不过，她最大的感受，还是公司给的灵活度。老板只给大框架，具体的细节由培训团队设计。在此过程中，“老板听结果，少问过程”。

猎头公司挖不走的人

品牌起步早，运营顺风顺水，企业重培训，老板又在意人才培养，业界戏称真维斯是“休闲服装业的黄埔军校”。久而久之，这所“黄埔军校”难免被“挖墙脚”，甚至一度到了“任何一个休闲品牌的专卖店店长一定有真维斯出去的人”的境地。杨勋亦不讳言，“中途流失过员工，尤其是前线员工”。外人替杨勋惋惜，开玩笑说真维斯是“往外输送人才的”。

经济运行宛如风雷，激烈而迅捷，人员流动频繁实属正常。何况，心随外界而动，人各有志，在杨勋看来，市场本来就是自由竞争，唯一的办法就是做好自己。

出走者大多属于一线员工。他们从店员跳槽去别家品牌做店长，杨勋对此也很高兴：“年轻人出来做事要么在意升职，要么期望加薪，两者都有就更好了。我们的员工在真维斯得到锻炼，辞职后，能升职、加薪，我为什么要不开心？”

基层员工渴望更高的职位、可观的薪水，中高层管理者接到猎头电话、竞争对手邀请，又会如何？

浙江口岸总经理①管辖之地历来为休闲服装品牌竞争重地。在她的印象里，猎头公司和竞争对手的开价很诱人，但她还是会选择真维斯的文化和老板，与真维斯共同成长的经历是人生难得的财富。

浙江本地一家休闲品牌希望扩大当地市场，曾经委托猎头公司联系到浙江口岸总经理，当猎头公司数次碰壁后，品牌的老板亲自出面。“老板很够意思，他说浙江省内一应大小事务都交给我负责，他只要按时看到交上来的成绩，至于怎么做，不管不问。”但浙江口岸总经理让对方失望了。不问过程，给予最大限度的自由权，这一招通吃的“挖角”手段在浙江口岸总经理看来，恰恰是不负责任的体现。浙江口岸总经理意识到，对方的动机是赚快钱，潜台词是“可以用任何方式开拓市场”，这与真维斯平稳有序的理念相去甚远。

其实，不只是浙江口岸总经理，真维斯的中高层管理者，几乎人人都不止一次接到过猎头公司的电话。无论对方开出怎样的条件，离开真维斯的管理者，有，但绝对不多。

根据亚太人力资源协会的一项统计资料显示，企业员工流失率以不高于18%为好。真维斯总部以及各口岸写字楼员工流失率约为2.3%。据此比对，真维斯的员工流失率维持在较低水平，这从侧面

① 真维斯国际浙江口岸总经理，后文简称为“浙江口岸总经理”。

反映了真维斯的企业文化。

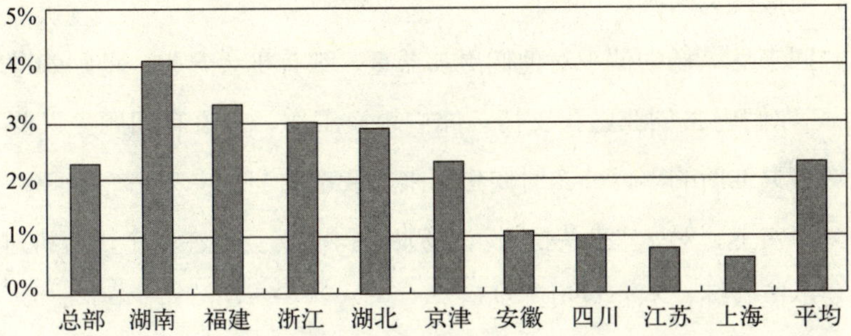

图 6–1　2011 年真维斯总部以及各口岸写字楼员工流失率统计

报酬、空间是每位优秀职员努力的方向，但睿智的人还会将企业文化、工作氛围等无形之物纳入职业规划的范畴，后者无疑更为难得和贵重。浙江口岸总经理说：“能够给我提供一份不错薪水的企业很多，可让我感觉到自在与温暖的企业除了真维斯，恐怕没有。”

河南口岸副总经理则举过一个例子。她说，早年从真维斯跳槽其他服装企业的河南口岸一位店长，刚去新东家时春风得意，但今天再联系，她没有继续干这行，早换工作了。

“这店长与我差不多同时进入真维斯。被挖走后，她到新公司有一阵新鲜感，不过感觉很快消失，她发现待遇提高了，但不像真维斯有那么多培训和学习机会，也没有老板跟着一起研究营销方法一起成长。新知识进得少，之前的东西用掉后，经验储备枯竭，价值相应降低。新公司又不断挖人，她被替代，不受重用，最终改行。”河南口岸副总经理说。

有意思的是，华东区副总经理、河南口岸副总经理，以及好些真维斯管理者的职业生涯中期，因为想创业或换个工作，都离开过真维斯，但最终又回归。

回来后，杨勋似乎对他们更加器重，都有机会升职。杨勋的逻辑是："你们出去创业，我支持；你们想换工作，也没有问题。只要不做伤害真维斯的事，什么时候想回来，我都欢迎。"

事实上，对于"猎头挖人"，杨勋看得淡然。他在多个场合讲过：只要不搞破坏，不介意员工跳槽。

在真维斯，30%是一个分界线——工资增加30%就能挖走真维斯员工，那是真维斯"企业文化的不成功"；如果超过30%，那证明真维斯员工高人一筹。"好比我们的店员，人家给他店长待遇；我们的店长，人家给他经理的待遇。"真维斯人才虽多，但不可能让每个店长当经理，遇到这种情况，杨勋认为应该高兴——这些员工在其他企业获得更好的发展舞台，进而推动行业繁荣，从个人到行业都是受益者，对于真维斯亦无害处。"看到这个行业里都是从真维斯走出去的人，不正是真维斯对行业的贡献么？"

华中区副总经理则一直留在真维斯，她说："在这里，老板教会了我很多东西。我可以不断吸收新的知识，得到锻炼的机会，甚至可以把老板当成家人。"

猎头挖人的筹码不外乎"高薪"与"升职"，这些没有让大多数被"挖"的真维斯人动心。一则，在真维斯工作时间越久，逐渐达成与公司的文化共识，认同老板的价值观，彼此在使命感、理想与共同目标上找到共鸣。再有真维斯营造的信任、温暖的企业文化，满足员工被承认、被尊重的心理预期，激发他们的积极性和主动性。

一旦建立稳固的互动关系，职员会克制某些短期行为，顾及长远利益。从浙江口岸总经理、华中区副总经理等人的经历看得出，企业与员工间不是简单的雇佣关系。“你走了，我们可以再联系；你遇到困难，我知道了也会帮助你。”真维斯提供的不仅是一个工作职位，更是一种“安全与快乐”的独特关怀。

不管企业多么困难，绝不轻易裁员

企业要经营得好，有三个必备条件：市场、人力和财力。其中，市场是基础，财力是保障，人力是核心。三个条件又与“人、货、店”一一对应。

杨钊在《创业·守业·人生》一书中写道：“公司成长最大瓶颈不在于产品、技术和市场，而在于能否招揽适合的人才，并留住他们。”需要注意一点，真维斯招聘和留住的对象，必须是符合标准的人才。

杨勋观点背后的潜台词是，正因为合适的“人”难寻，所以有大局观的企业家即便遭遇经营挑战，宁可舍弃市场，牺牲财力，也不会轻易裁员。“成员团结一致，把精神放在工作上，他们不必担心饭碗不保，即使身处逆境，也不必面临裁员和减薪。”

回头看每当面临不利的外围环境或者陷入发展瓶颈时，相当多的企业经常裁减人员、压缩成本。裁员的确直接，也有效，但简单粗暴饱受诟病。至少在杨勋看来，裁员止血某种程度上是“舍本逐末”，利润可采用其他方式获得，成熟可靠的员工非旦夕可求。

企业暂时低迷没关系，只要有人在，一般不至于即刻灭亡，来日方长，事缓则圆。如果因为经营压力，仓促地辞退一个被证明称职的员工，这才是企业最大的损失。杨勋向员工许诺："不管企业多么困难，绝不轻易裁员。"因为，真维斯录用的每一名员工都各有其能，都被安置到合适的岗位上，在这个庞大的商业组织中不可或缺。

真维斯把人才分为三类：生而知之者、学而知之者和困而知之者。根据个人特征，因才施用：生而知之者，有领袖天分，高薪聘之，力求与其建立发展亲密感情；学而知之者，在具体管理职位上能产生作用，通过优化激励机制，使他们对品牌产生归属感；困而知之者，环境逼迫下能奋发图强，采取抛他下海学游泳的方法，令其成长，使之成为员工中的中坚力量。

不过，"不轻易裁员"的杨勋有自己的一套"用人、炒人标准"：

1. 一个50岁职员，工作能力差，但在公司工作10年，要离开公司寻找一份称心如意的工作很难。他屡屡被投诉，"办事不力，又喜欢找借口"。

杨勋判案：虽然不力，但无破坏行为，唯有再三教育，甚至警告。不作辞退处理。

2. 一个38岁经理，工龄10年，为公司立下一些苦劳，但现在完全不负责任，常常不在岗位，屡屡被投诉，谈话无效。

杨勋判案：不能无纪律，他谋生能力强。辞退。

3. 一个经理，在公司工作8年，心地善良，工作负责，但头脑不够聪明，工作常犯错误，多次离开公司另谋出路，不如意后要求再回公司工作。

杨勋判案：接受。理由：仁。

4. 一名经理工作满口怨言，喜欢评论上司缺点，工作讨价还价，离开公司后希望重新返回公司。

杨勋判案：不接受。理由：严明。

5. 一个主管大公无私，处事公正，勤奋为公司奔劳，立下功劳，其亲属有小生意与集团往来。

杨勋判案：支持。理由：宽容、相信下属。

6. 一个主管处事平平，工作斤斤计较，亲属新开一家公司，欲做该主管负责的生意。

杨勋判案：反对。理由：利益冲突，防止不能公正处理。

除了“判案”，杨勋也曾经亲自“炒”过一个干了十多年的老部下。

事情来龙去脉如下：这个被“炒”的经理和他直接上司会议中意见不合而发生争执。这本属于工作正常范围，但该经理不服气，居然大庭广众下，爆粗口辱骂他的上司。被骂者找到杨勋投诉。分清原委，杨勋要求该经理道歉，而且“必须对方接受！否则，只有离开”。

骂人者最初相当倔强，一方面自恃工作多年“没有功劳有苦劳”，二则觉得老板“心善”，从未炒过人，这次“不过在气头上，风波过去就好”。哪想，杨勋动了真格，“一个公司老职员，有一定级别，却不服上级安排，还破口骂人，拒不道歉”，下令此经理走人。

骂人者这才醒悟，赶紧道歉；被骂者也表示谅解，帮其说情。这名经理最终保住饭碗。杨勋唯一直接干预的一次炒人行动最终未果。

三层境界：生存、安全和快乐

一个人活着是为了什么？杨勋认为："第一是为了生存；第二是要活得安全；第三要活得愉快。"这不仅是杨勋个人的人生观，也是真维斯对每一名员工的基本态度。

美国心理学家马斯洛将人类需求分为五个层次：生理需求、安全需求、社交需求、尊重需求和自我实现需求。这个道理可以用更通俗的话表达："人生在世，不只是工作、生存、金钱、名誉，还包括家庭、责任、感情、生命的意义等。这是作为一个社会人的更高境界。"

这就是东西方文化对同一命题的阐释。对此杨钊有过精当的论述："西方管理重理，讲求效率；东方管理重情，讲求体谅；西方管理关心如何做好，东方管理关心为何要做。"真维斯要做的，就是融合东西方所长，形成自己的独特风格。典型的是，真维斯虽是一家讲求效率的现代企业，但更是一个注重情感、富有人情味的社会组织。真维斯为员工提供各种发展机会与培训，在这过程中倾听员工心声，赋权于员工，使他们不仅能够广泛参与决策，也能通过薪酬分配、保障支持等各种福利共享公司发展的成果。

真维斯管理层在人力资源管理理念上形成了一个共识：

> 不随便裁员，并努力为员工提供一份可靠、稳定、值得期待的薪酬工作，以解决其最基本、最首要的生存问题。与此同时，真维斯还为员工力行提供心理上的安全感，设立完善的医疗、保障制度，即便意外发生也有后盾支持，免除后顾之忧。

表 6–2

支援方式	选用的主要财务资料	选用的主要非财务资料	主要分析非财务指标
人力资源	部门费用占比	人力资源 考勤资料	员工享有福利与外界比较 员工发展机会及素质提升 员工流失率 员工素质改善情况
		人事档案 员工动态 员工意见	员工广泛参与决策 共用成果 员工本土化 劳资关系良好 工龄分配比例 员工满意程度
培训	部门费用占比	培训需要 外界培训资讯 覆盖率	普及培训覆盖率 员工平均培训小时 培训回输指标

《中国企业管理科学案例库》第四辑中收录了这么一个案例：旭日有名司机身患癌症，杨钊听说此事，异常重视，不但去医院探望，还一有机会就在香港和内地打听名医。2011 年春，《旭日之声》刊登了一封言语朴实，字里行间却洋溢着激动的感谢信：

我是真维斯河北口岸的潘云杰，特向大家报告一个好消息，我 3 岁半的小儿子潘奕帆在经过了一年多的语言训练之后，现在已经能够进行日常的语言交流，康复情况很好。

回想 2009 年 7 月，我两岁的孩子被医院确诊为感音神经性耳聋。医生建议尽快给孩子植入人工耳蜗，否则孩子将永远失去语言功能成为聋哑儿。

手术费用及康复费用高达 26 万人民币。这突如其来的变故，我们如临深渊，昂贵的治疗费用也将我们全家压垮。当集团总部知道消息后，紧急发出了爱心捐助倡议书，呼吁集团及真维斯各口岸的员工奉献爱心积极捐款。

一时间香港、惠州、各口岸同事、加盟商以及同事家属纷纷向我们伸出援助之手，短短几天捐款16万余元解决了给孩子治疗的燃眉之急。

2009年9月份我们在北京同仁医院给孩子做了人工耳蜗植入手术，手术非常成功。孩子听到了从来没有听过的声音。大家的爱让我的儿子又回到了这个有声的世界。

一年时间并不长，而孩子取得的进步是巨大的，我们曾经为孩子能够听懂一句简单的话激动不已，我们曾经为孩子第一次说出“谢谢妈妈”喜极而泣。

我们教孩子学会了说“谢谢叔叔！谢谢阿姨！”我们还要教孩子学会感恩。我们把一次次的感动化做永远的感恩：杨勋先生和张慧仪小姐无限的大爱把我儿子带出可怕的无声世界，旭日大家庭所有兄弟姐妹的真情帮我们一家走出生活的阴霾，沐浴着爱的阳光。[①]

类似的故事不胜枚举。每当号召捐款，杨勋总洒脱地对下面人说：“你们先捐，不够的钱我一个人补齐。”“老板不在乎钱，因为每次他最后出的都是大头，他是想让大家参与善事，并乐在其中。”真维斯国际推广部的一位职员如此评价。

生存、安全得到保障与满足之后，就得让员工在组织中体验到集

① 摘自《旭日之声》2011年2月8日，第311期，《感谢，我的兄弟姐妹》，有删减。

体的关怀，在工作中实现自我价值的升华，享受生活的快乐和人生的意义。

为奖励和表扬一线努力工作的员工，真维斯每年都会评选年度最优秀店铺、区长、店长及店员。在一项“真维斯员工调查”中，许多人“入职至今最骄傲的一件事情”便是当选公司优秀员工。

湖北口岸加盟部区长说：“当选最优秀员工，得到机会去香港旅游的经历终生难忘。一方面是公司对我过去一年工作的肯定；另一方面，香港是我向往的地方。在香港，我参观了集团总部，观看了杨钊、杨勋先生的创业短片，为能成为这个大家庭的成员而荣幸。”

工作之余，企业组织了大量文化娱乐活动。一年一度的“旭日家庭同乐日”，每个员工的家属都可参加，到野外郊游、做游戏等。年末的“岁晚联欢”，让员工在春节来临之际感受集体的热闹与喜庆。还有各种不定期业余活动，如篮球赛、桥牌比赛。所有的活动，都旨在让员工感觉自己不只是一部周而复始的机器，体味到工作之外的快乐。

生存、安全和快乐，真维斯“人本情怀”的企业文化形成磁铁效应，是竞争对手偷不走、拆不开、员工跳槽都带不走的无形财富。

花钱原则：不怕多花钱，就怕乱花钱

什么是“该花的钱”？“其实哪来成规。只要对员工、对企业有好处，就不该吝啬。”杨勋说。

真维斯总部迁至惠州，办公条件不断改善，总部大楼有员工专门的宴会、卡拉OK多功能厅；总部食堂2 800平方米，可同时容纳930人就餐。总部有相当比例的香港同事，公司因此提供港惠直通车，月均人流量达数千人次。行政部负责直通车的同事会统计“乘客调查问卷”，以监督直通车司机服务水平。

从入职第一天接受“入职课程”和“上岗培训”开始，各类职业、技能培训成为员工日常工作外的最大主题。不论什么级别的在职员工，每年均需接受各种普及性或针对性培训，《旭日企业》阐释之：“企业应为员工创造条件，提供学习机会。工作上以及知识上令他们有机会进步；学成后，提供机会给他们发展。这样，员工与企业都有进步。”

山东口岸青岛一区区长，入职14年，她能脱口而出的培训科目就包括11项：

> 区长上岗培训、带教技巧培训、卓越服务培训、品牌意识提升培训、店铺现场培训、店铺形象管理、店铺陈列、30分钟巡店总结、店铺管理学、店铺经营、三期货三类货……

湖南口岸加盟组副经理工作9年，据不完全统计，她接受的培训有：

> 营业员工入职培训、店长上岗培训、店铺事务管理、区长上岗培训、品牌意识提升培训、技巧性说服培训、人力资源战略、物流货仓及配送监管培训、品牌管理之分析技术入门培训、品牌价值建构与服务品质管理培训、商品展示与店铺感观传达功能培训……

西北口岸行政部员工受训项目则与前面二人完全不同：

数据管理培训、电脑基础培训、电脑LOTUS操作培训、管理人员拓展培训、领导才能外展培训、高效沟通培训、资讯流培训、行动导向领导才能培训、系统动力学培训、系统思考的思维与方法进阶培训、执行力与素质提升培训……

培训上舍得下成本，而有一笔开支长期以来在真维斯内部争议极大。品牌两司每月中旬分别有一次行政会，会议期间各口岸部门主管接近百人齐飞惠州，参加半天的行政会。

长年累月，几百人的来回机票就不是一个小数目。很多人建议杨勋："沟通方式那么发达，为何不用电视会议？每月开会的交通费难道不是'乱花钱'？"杨勋承认"开会成本高"，但同时说："行政会承上启下，对公司下月、下季度决策十分重要。会议时间一般又偏长（上下半场共约4个小时），一些同事当着我的面尚且三心二意，我不在场，会议效果可想而知。"杨勋也一直相信"开会是再培训的过程，对每个人都是学习的机会。这钱可以不花，但又不能不花"。

因为"该花的钱不花"，旭日集团信息技术部总监被杨勋狠狠地批评过。

有一年，杨勋带领惠州总部几个部门主管到北京办事。大家事情安排不一样，所以分别赴京。其余人交通方式选择飞机，信息技术部总监觉得时间充裕，坐的火车。

到北京见到杨勋，被杨勋质问："为什么比别人晚了两天？"

他回答："我看时间来得及，坐火车来的。"杨勋一下面露愠色：

“公司每天付给你多少钱？机票多少钱？你两天时间还抵不上一张机票钱？”

1996 年旭日集团在香港上市，旗下业务覆盖地产、金融、零售。真维斯 2010 年的销售额达 50 多亿元，现金流非常充裕，但也是这个“不怕多花钱”且“敢花钱”的老板却怕“乱花钱”。

真维斯国际北京口岸行政部的同事都记得这么一件“让人没面子”的事情。一次，真维斯给北京某所高校捐赠了一大笔钱，杨勋受邀去作演讲。演讲结束，校领导表示感谢，请杨勋吃个便餐。双方一同往停车场走去，到车场，校长看杨勋准备上一辆金杯面包车，非常惊讶，他稍微迟疑了下，略带尴尬地说：“杨总，还是坐我的车吧。”

之前，杨勋每次来北京，口岸接送他的都是这辆金杯面包。北京口岸负责人多次提议“换辆好车”，杨勋总说：“没有必要，都是车，什么车不一样，总比挤地铁公交好吧。”这次事件以后，口岸再次提交换车报告，杨勋也同意了，不过也只换了一辆中档配置的别克商务车。

组织员工活动、培训，每年上千万元投入“真维斯杯”设计比赛以及亿元级别做慈善，这些为员工、行业、社会花的钱“该花”，为自己买辆好车的钱不肯花。这个老板有些特别。

品牌经验：企业与员工的良性互动

JEANSWEST

真维斯源源不断地向社会提供物超所值的产品与服务，在于它本身就是一个优秀的组织，而不是因为提供了优质的产品与服务，才成为优秀组织的。

如果少了“人”，高瞻远瞩的目标、完美无瑕的制度框架，也是流沙之上，海市蜃楼。所以，真维斯品牌运营成功的三点“人、货、店”中，“人”被杨勋排在首位。上至企业灵魂人物，中至口岸管理者，下至大大小小的店铺员工，“人”成为品牌生生不息的力量。

为留住人才，真维斯在激励机制、管理模式以及企业文化塑造上多管齐下。

对于普通员工，他们进入一家公司时会考虑他们能得到什么样的福利，以及会有多大的发展空间。真维斯除了给予员工工作最直接的回馈——薪水，更多体现在对价值观等更高层次需求的承诺与实践上，这体现出杨勋对“人是情感动物，应该尊重员工”的准确拿捏。

首先，真维斯员工具有很强的安全感。

其次，员工工作压力相对较低。杨勋不提倡“床垫文化”，不鼓励“开夜车”；提倡在提高工作效率上下工夫，而非挤占员工的休息时间。

再有，员工有循序渐进的上升空间，可顺着“店长—区长—业务经理—业务总经理”的职位阶梯找到合适的晋升位置。对于很多人而言，理想是个奢侈品，他们终日为生计奔波，做着与理想、兴趣相距甚远的工作。如果能给他们一个施展理想的平台，工作就像他们的孩子，他们会越养越快乐，也越来越有干劲。

国际商品开发部总监有位大学同学，毕业后到某香港服装品牌做设计师。刚入职那几年踌躇满志，十多年以来，却只是单纯地做设计、画图纸，进行重复劳动，斗志被消磨，不复当年英气。相比之下，国际商品开发部总监在真维斯16年，可经常看到各种数据资料，对个人判断市场能力提升不言而喻。她说："国内大学毕业生在真维斯工作一两年，很容易去一些企业挂设计经理或总监名号。"

最后，真维斯舍得为员工花钱。真维斯为员工花的钱主要有两笔：一笔是用于改善员工工作、生活环境；一笔用于为员工提供学习机会。把钱花在员工身上，不仅是对企业最大的战略性投资，员工同样受益匪浅。

杨勋主张对员工实施刚柔并济的管理。企业有行之有效的管理制度，加强对员工的约束力，提高整体组织的效率，保证真维斯对外能行动一致，对内则能高效解决问题。

实行标准化的管理操作，并精于成本控制与利润核算，可以有效协调几个、几十个甚至成千上万个员工的积极性。然而，员工不是机器，如果被置于这个过于标准化的体系内，可能会按部就班地做每一件事，他们美妙的想象力与创新能力也被压制。员工的积极性需要调动，员工的潜力需要挖掘，员工的想象力需要开发。所以，杨勋注意管理的弹性，给予各种制度、合约条文所规定的责任边界一定的变通空间。

当然，所有的管理都离不开沟通，沟通是"弹性管理"被植入公司的前提。

企业管理学中有两个很关键的数字规则——两个"70%"。

第一个70%，是指企业的管理者实际上70%的时间都用在沟通上。开会、谈判、谈话、作报告是最常见的沟通形式，撰写报告则是一种书面沟通，对外各种拜访、约见也都是沟通。

第二个70%，是指企业中70%的问题是由沟通障碍引起的。比如企业常见的效率低下，实际往往是由于有了问题后大家没有及时沟通或不懂得如何沟通所引起的。

真维斯的沟通网络很广，有纵向沟通，如杨勋与一线员工的沟通；也有横向沟通，如“经理会”。根据沟通性质的不同，真维斯会作出相应的调整，以保证沟通效果。不管哪一种沟通，都有利于整个企业获得更为开放的信息平台，使得企业政策与战略制定者更为直接、真实地了解企业包括员工自身的发展状况，同时参与者各方面素质也能得到提升。

企业文化不是办公室墙壁上的口号、标语。事实上，在前面提及的员工激励机制和管理中，已体现出真维斯的部分文化特质：

重视员工表现，给予员工恰当有效的激励；

关注员工资质，包括专业资质及工作水平，注重对员工系统、专业的培训；

注重人本情怀，杜绝把员工看做“赚钱机器”，而是“有感情、有人情味”的工作团队中的一员。

由此，真维斯与员工形成良性互动，前者因后者成长而不断成长，后者也因前者成长不断实现自我提升。

JEANSWEST

第七章

真维斯拿什么给行业？

你在多大程度上改变一个行业，你就能在多大程度上获得尊重。

当然，这种改变不一定是特立独行，不一定是惊世骇俗。大多数值得尊敬的企业，其实只是潜移默化地变成了行业内一种现象。

它们做的很多事情，未必为大多数人知晓，但确实在做。并且，同行之间，会将其作为学习的素材。改变，就是这样一点一点，悄然发生。

做大与做长的二维选择[①]

有人说，商业竞争从来就不是一场百米短跑，而是一场终点不明的铁人三项赛。多数企业无不希望“做大”、“做强”，但少有提“做长”的。固然形势千变且经营不易，但“做长”更与产业思路和商业心态密不可分。

在服装连锁行业，一个迅速“做大”的办法是：采用加盟连锁方式扩张，投放大量广告把消费者吸引过来，从而吸引加盟商，把市场做大。

通过自主采购、压低进价或收购加盟商，把利润大头都握在手中，在这样的思路和心态下，“做大”、“做强”不是什么难事，难的是如何“做长”。

---

① 小节中引号内观点来自杨勋，未一一标注。

所谓“无利不起早”，加盟商也是为了赚钱，有利可图才加盟。光凭广告吸引加盟商容易陷入广告泥潭，一旦资金吃紧，又未建立市场优势，停了广告，加盟业务就会断。往好了说，一切顺利，加盟商趋之若鹜，但等市场“做强”，企业往往又希望将业务收入囊中。

真维斯“有点不一样”，它把提供“物超所值”的产品作为本分，有选择地引入加盟商。早期品牌大量开店，下调售价，以销量来带动增长。后引入加盟，也不一味求快，而是有具体的控制指标——总业绩提升20%，加盟占20%~25%，直营店就要占20%。平衡总体，有序加盟，换句话说，真维斯选择让品质说话，让产品“做大”市场。如今行业平均增长水平大约为30%，杨勋却只希望做到这个水平的七八成。

事实上，杨勋有信心：“大环境这么好，要一两年内做到增长超过行业水平，不难。”但真维斯有意控制。这不是保守，“还是看我们的管理是否成熟，如果市场成熟，管理也成熟，我们就加大投资，资金方面没问题。我们的基本要求就是，自身的管理能力是否能够承担对应的发展”。

至于怎样管理，杨勋说：“现在别的品牌，又要销售，又要采购。很多办工厂出身的老板总是觉得采购的工作给别人，支付几个百分点有点浪费，这个工作自己就可以做。”

“专业做出来的成本比你自己做要低。”杨勋最反感“老想要赚别人的钱”，真维斯的组织架构里，“有生产、有采购，也有负责零售的公司，每一块都专注于自己的工作”，采购部门完全开放，依靠市场规律运行。杨勋经常和供应商讲：“我们要赚钱，我们一起去找外面的钱，不要你在我兜里抢，我在你口袋里抢，这样的买卖长不了。”

举个简单的例子，“人家卖180元的东西，真维斯卖140元、160元就行，品质还一样”，就是因为供应方有保证。真维斯的采购价“永远低于其他工厂的价钱”，为何供应商乐此不疲？因为真维斯能为其带来成长，将自有工厂的品质管理、品质保障套用到供应商管理中。另一方面，“如果你能够满足真维斯的要求，真维斯的订单是长期的”，并“保证付款最准时，不会无理地扣钱，不会有中间员工去拿好处”。

作为工厂，最基本的诉求无疑就是订单，有稳固、可靠的长期订单，哪怕价格低点。位于供应链顶端的供应商接受真维斯“薄利多销”的理念。

真维斯在内地20年间，新品牌层出不穷，真维斯业内长青，无论竞争如何加剧，节奏始终不乱。它在“做大”，其实也是在“做长”；而“做长”的理念，如“名牌大众化”、“物超所值”也无形中融于“做大”中，乃至基业长青。

外部环境变动频繁，与其夸夸其谈，不妨脚踏实地“战战兢兢地去体现每一天的变化”。目标高远、着手细处，“做大”途中，真维斯的态度始终“留意、小心”。“每一件服装的配搭都会想清楚，出手就是几万件，甚至几十万件，不小心怎么可以？”

“开会控”①

真维斯有一项传统“根深蒂固”：开会。

每天、每周、每月都有会，每两个月还有一次检讨会。杨勋是个“开会控”，每月中旬惠州总部的行政会，即便是2003年“非典”，也从未缺席过。

很多人觉得不可思议，纷纷议论：“老板身价不菲，应该打打高尔夫球、出去旅旅游。”但实际上，杨勋几乎没有业余时间，除了开会，就是“微服私访”——所有假期都会去全国各地“巡场”，这是一个敬业到极致的老板，“对他来说没有星期天”。

谈起开会，不免让人想起“文山会海”，那简直成为低效、拖拉的代名词。在真维斯，许多原本可以采取视频、电视、电话进行沟通的会议，始终坚持现场开会。为此，每月员工从各个口岸赶到惠州，岂不是时间、精力、财力的浪费?

杨勋并不避讳“开会的成本很高”，但是与其所达目标、用意相比，仍“物超所值”。

通常情况下，开会是要解决问题。但在真维斯，开会更是为预防问题。

杨勋经常同员工讲：“不要总是想解决问题，首先应该不要让问题产生。如果问题产生了才去解决，就要花费很多精力和成本。如果这些问题都没有产生，就可以省下这些时间和成本去做其他更有意义

① 小节中引号内言语摘自华东区副总经理、大进投资副总经理、西北口岸总经理访谈录音。

的事情了。”

1998年，广东口岸业绩差，开会到了“很恐怖的”程度。

每个月行政会，“老板全部在，问工作，每个部门都要汇报工作细节……细节到什么地步？买卖不好的时候，他很多点上的问题都要细问和处理”。

有一次会，从上午11点，一直开到次日凌晨2点。

慢慢地，员工开始提前准备，“每次在开会之前一定要准备好所有的东西，也就是我们平时要做好自己的工作，否则一到开会，你就过不了关”。

行政会最重要的环节是“跟进事项”——上一次开会过后，要跟进的东西，在下次开会之前一定要完成，“这就是我们老板经常讲的：计划、落实、总结”。

最初，因为口岸不提前准备，一次行政会往往需要十几个小时。后来，不用杨勋提醒，各口岸会事先开内部会议，整理好议题，到时集中汇总，“一些工作怎么去落实，在会议上明确，另一些潜在的问题则在会议上得到预防”。

一线销售对服装款式的感受如何在最短的时间内反馈到达设计部门？每两个月，真维斯有一次“检讨会”，之后又有“款式会”。

“检讨”的内容是货品、销售情况，同时对下一年同季方向进行预测、交流。会议周期两月一次，因为服装消费分四季，春秋短，各两个月；夏天和冬天比较长，各四个月，但也分两次销售。

检讨会后的款式会，销售人员会亲眼看到下一年产品主要款式，他们提出自己在销售过程中的感受。虽说只是“感受”，却有门店销售数据的支持。

杨勋还认为，“开会也是一种培训”。

员工对开会“既喜又忧”，“喜”的是可以和老板沟通，“忧”的是担心被批评。杨勋直言：“会议对于我来说，不只是检查工作，更多的是在培训。”

真维斯曾经尝试过行政会各个口岸与总部进行电话会议，可效果不佳。一场会议连开几个小时，“曾经开过12个小时”，时间长了难免发闷，不能集中精神，对信息不能有效吸收。老板又不在现场，更没约束，因此最终取消了电话会议的形式。杨勋觉得，“也许每次会议只能有10%的收获，90%时间都浪费了，但是，这样的会不是开一个月，是个个月这样开，个人就是靠这个10%去抚育成长的”。

在信息技术部总监[①]看来，“人和人的管理、人和企业的管理主要通过沟通”。开会就是真维斯的“诉求渠道”和“受理渠道”，是预防问题的有力措施。如果半年一年见不到老板，沟通频率下降，会导致沟通不畅，“人跟企业达不到和谐效果”。

建构逻辑：总部—口岸—门店

最初，真维斯的总部在香港，不只真维斯，那时几乎没有一家香港休闲服装品牌有意将总部设在中国内地。对此，理由也许千条，殊途同归，无外乎不认可内地市场的潜力。

---

① 旭日集团信息技术部总监。

然而，真维斯蓝色旋风愈演愈烈时，杨勋的态度彻底发生转变：不行，总部一定得北移。因为总部设在内地，品牌的凝聚力、拓展力、影响力、人才培养等才能游刃有余。

当时，杨勋“总部北移的决定”在多数管理层看来有些激进。

毕竟，真维斯中高层职员均是香港人，说服他们放弃稳定的工作生活环境北上20世纪90年代中期的内地，情感上一时难以接受。再者，真维斯刚入内地，水深水浅尚未探明，即使取得一些成绩，可最终能否服内地水土，有待观察。最关键一点，当时内地还没有一家运作成功的香港甚至国外休闲服装品牌。既然前无来者，而其他香港休闲服装品牌无一不如履薄冰、步步惊心，杨勋却要与众不同，似乎已下定决心——这无疑是场输不起的“豪赌”。

但杨勋想得简单，“总部只需满足两点要求：具备辐射力和控制力”。于是，管理层在上海和北京两个城市之间犹豫不决，半年没有结果，有人提议候选城市加上中部城市武汉，三选一。讨论了半年，杨勋拍板：“选广东吧，惠州，我老家。”

他有两个理由：第一，方便来往。杨勋认为，建立总部时，本来部分职员就不愿北上内地，如果老板还稳坐香港，自然不行。“我必须自己来，以身作则，但又不可能放下香港生意不管。权衡的结果，选择来往方便的地界，尽管辛苦，也只能两边跑。”

第二，乡土优势。“内地搞零售，很多东西要理顺，还要培养人才，乡土优势在交流和沟通方面不会出现大障碍。”如杨勋所说，“惠州的政府正好可以配合”。

1995 年，现任华南区副总经理[①]作为北移的先行者，到惠州筹备行政部。她回忆："当时惠州，与香港差别太大了，看不到像样的楼房。一开始，我们是在商铺里搭建行政部，然后电脑部（后更名为信息技术部）、会计部。花了整一年，一切才理顺。"

期间，华南区副总经理同时负责成立采购基地。

旭日过去是做出口贸易的企业，每年出口 100 万打成衣，原材料香港进口，内地加工。当集团重心有意识靠向内地后，杨勋觉得"有必要北移回内地采购"。

为求保证质量，企业先尝试性地只在内地采购服装用线，逐渐"各种辅料、纸箱、印刷品都放回内地"。此举让成本下降了 30%，正好利于 1997 年真维斯"名牌大众化"的战略转型。

总部北移——采购回迁——成本结余，人才输送——战略调整，所有细节环环相扣，尽在掌控之中。不过，内地市场毕竟那么大，一个总部管理耗时费力，不如分区，于是"开设口岸"被提上议程：有的一个直辖市一个口岸，有的一个省一个口岸，还有两三个省并为一个口岸，一共 16 个口岸。

口岸是三重架构的中心环节，连通总部与店铺。总部扮演管理者角色，依据市场情况对口岸下达指标；口岸公司各自独立，只对总部负责，经营和管理上享有一定的自主权，每年除去指标任务，剩余留做发展资金，自主使用。

"赢利多奖金自然就高。良性的激励机制下，建立了分公司，他

① 大进投资有限公司华南区副总经理，后文简称为"华南区副总经理"。

们就会建立自己的人才队伍，还有自己的收入，奖金跟收入挂钩，就有奔头。”与此同时，口岸公司在当地注册，“有营业额、有税收、有就业，地方政府愿意配合”。

独立地看，口岸可以看做微缩版的区域总部，“麻雀虽小五脏俱全”，完全按照总部部门架构，设置完善，全部对口，严丝合缝。

部门增多，人力成本相应加大，真维斯各家口岸又各不相同，“口岸能赚多少钱，就用多少人”。让人为企业服务，而不是企业迁就人。

口岸的划分、建立，也需审时度势。1995年，江苏口岸附属于上海，当时只有10家店铺，康荣镇被分到此。公司管理层判断江苏市场潜力无限，因此“将江苏单独划分口岸，并将安徽并入其中，主攻外围开店”。几年下来，颇显成效，“江苏成为真维斯的第一兵团”。今天，真维斯在江苏省共拥有300家店铺，覆盖了主要城市，口岸又开始向下发展镇级店铺。所有这些，均建立在口岸资源完备的基础之上。

世易时移，各口岸所处环境天翻地覆。最早，和南方相比，上海、北京口岸起步早，但“零售很难做”，“王府井简直是一条金街”，租金压力大。现在来看，“北京外围租金反而不贵，江苏等地因经济发展好，很多二、三线城市的租金翻倍上涨，生意较难做”。在处理这些变化的时候，口岸的架构发挥了自我修复的作用，因为有独立的运营空间，在市场数据的分析和反馈、店铺营销的决策方面有很多自主权，总部要做的只是在这些已有的数据基础上作最终决策。

口岸公司管理店铺，包括加盟店和直营店，负责从选址、进货到招聘、铺货、销售等一系列具体而微的事务。尽管店长直接管理，不过最终还是要遵循口岸的整体运作思路；店铺同样要遵循独立计算准则，业绩不好会有相应的惩戒措施。

内地市场结构复杂，不能同一而论，需要管理者高超的组织技巧和管理才能。真维斯设立三级架构的目的正是基于现实需要，分公司独立运营，既有共性，又有分隔性，拥有自己的发展空间。相应地，发展得好，掌握的资源就会大些，反过来又能促使其更好地发展，形成良性循环。

这种经营模式并不新鲜，西方国家的许多公司都在采用，杨勋吸取他人之长，结合本土情况，推出独立经营的“三级管理架构”。为便于理解推行，他还通俗易记地将其定义为“油船政策”：“油船存油一格一格，这一格有问题，单独处理，隔壁不受影响。”

“总部—口岸—门店”三重架构、“油船政策”等背后是杨勋对内地市场的独特理解。

“六次订货”和“十三项配货”原则

一般服装企业订货会只有春夏和秋冬两季，后因品类繁盛、消费变旺，逐渐调整为春夏秋冬四次订货。真维斯本也如此，但发现每年有两个时间段生意不太理想：一是由夏转秋，一是由冬转春。这两个时段气温相差不大，属于温和的过渡季节。为提升业绩，服装企业不惜打折促销，竞争加剧，如果依旧采用之前春夏秋冬四次订货原则，按照常规方式进行配货，不合时宜。

意识到问题后，真维斯把夏秋之交的七八月份单独抽出来，作为

"第三季度"；再把由冬转春的一二月份抽出来，作为"第六季度"。然后，针对季节轮转和市场供给情况，真维斯多次调研，不断调整，从产品设计入手，把七八月份和一二月份的产品"基、时、潮"配比、定价策略进行独立调整，进一步细化货品，订货会也相应地增加至六季，效果不错。与此对应，真维斯配货管理也在不断完善。

服装企业配货主要看周转率，真维斯则对每一款式都有销售预算，根据预算进行配货，提出"十三项配货原则"：

1. 存货流转周数（内区 4 周，外区 5 周）
2. 直加要达标 120%
3. 每款每周目标不能低于 3 件
4. 每款每色码不能低于 2 件
5. 每款每色在店数量不能低于 5 件
6. 正价货品不能断码
7. 配货要调货走，最多不能超过 3 天
8. 有货就要有目标
9. 本周达标不足 50% 款占比
10. 上周达标不足 50% 款占比
11. 上周达标不足 50% 款调整占比
12. 店铺标准货量分品种
13. 每款出货下限达成

在此基础上，还可以在三个维度上进一步细化：

其一，产品类型。如男女装、"基、时、潮"、价位线、面料、上

下装等。

其二，与日期相关度。从之前的季度细化到月份、星期，越往下细分，计划性越强，对促销、配货都有精准的把握。

其三，地区差异性。各省份、城市，甚至具体到店铺，销售指标不同，配货指标也有所差异。

存货率控制，行业第一

服装产销周期较长，从设计、采购、生产到运输和上架，一般而言，积压两三年在服装行业内属于正常现象。库存越多、积压越久，贬值越厉害，风险越大。降低库存是每一家企业的生死命题。杨勋要求真维斯“最多保留两年的货，今年必须要把去年的库存卖完，不允许带到明年”。

真维斯一直把存货率控制在一个相对较低的水平。控制存货率并非易事，服装行业毕竟工序多、周期长，设计一落伍，或者质量出现问题，不可避免会影响销售，控制存货率需要对设计、生产等各个环节有相当把握。在真维斯，控制存货，首要“制订计划，评估预防”。

设计上不落俗，不冒进，“跟随潮流”。稍微前卫的设计，先自觉“试单”。大规模生产前，先期推出批次产品，测试市场反应，销售反应理想的款式，即时安排大量生产，于适销时段及时推出，源头上避免滞销品出现。

店铺进货适可而止、量力而为。杨勋 10 年前就提出，“所有的店要有计划，按计划订货，这样才能按计划去销售，才能管得了”。很多服装品牌的加盟经理和区域经理的收入与加盟商订货量直接挂钩，大多鼓励加盟商多订货。而真维斯则会根据以往数据核算加盟商的订货量，然后取舍，具体到每个品种、每个款式都有具体而微的指引。华中区副总经理说："合理就好，我不要多订，你的库存不会积压，明年才有一个良性循环。"

根据"基、时、潮"品类也有不同的进货标准。潮流款单品订货量较少，此类服饰具有很强的时效性，但不可控因素较大，要避免大量库存积存。

当然，零库存只是理想状态。实际操作过程中，积压在所难免，品牌需努力将库存率控制得越低越好。故而，真维斯将店铺从A+到E划分为8个级别，根据店铺位置、面积级差，并结合市场部多年收集的数据，提前制定每一级分店的全年销售额、月均销售额，以终端销售量反推，进一步提高判断配货量的准确性与精确度。表7–1显示了真维斯各级店铺的划分标准和销售预测。

表7–1　店铺级别划分标准

店铺级别	分店级别标准	
	全年销售（万元）	卖场面积（平方米）
A+	≥750	≥300
A	≥450	≥150
B1	≥300	≥80
B2	≥200	≥50
C1	店中店	
C2	超市店	
D	特卖场	
E	网　店	

同时，对于自营店，真维斯每周调查销售情况，查看是否达标，对于不达标的款式、品种进行促销，打折力度视具体销售状况而定。庞大的数据库分析出打折力度与销量之间的相关度，比如某款衣服打8折对销量提升多少等，再结合经验，以及季节、环境等因素进行适当调价。同时每周跟踪、总结调查所得销售情况，如果判断失误，马上作出调整，最短的时间内更正流程。

至于加盟店，真维斯每周会派人到一线进行库存指导，“看清理得怎么样，够不够快，销售有没有达标。如果当时有压力，会马上建议他促销，不会拖到季末，每个月末就基本处理完了”。一些店铺会遇到这样一种情况：某款衣服特别好卖，存货售完之后，又从仓库调货，由于过分乐观，调货量过大乃至滞销。行业内，这叫做“调销比”，比重越大说明库存压力越大。

双重角色一：既“规矩”又“另类”的采购方

选对合作者，有时比资金充足和战略明确还重要。服装行业环节繁多、分工精细，这点尤为显著。

作为市场主体，供、采双方关系可用“若即若离”形容。本质上讲，两者矛盾对立——供应商希望找到出价更高的买方，而采购商期望提供质优价廉商品的卖方出现。这决定了两者合作始终处于“暂时状态”，彼此总想寻找更好的替代者。因此理想的状况是，双方从对方找到利益平衡，各取所需、长期合作。实际情形则远不乐观，市场因素流动易变，供求双方极难保持长久合作。

商业研究者总结，过去20年，凡具备强大议价能力的采购方对待供货方总“反复无常”，他们喜欢“今年用这家，明年试用别家”。这使得供货商不断压缩成本，以祈求采购方青睐；采购方则通过“拧毛巾式”的方法不断从供应链挤出利润。

所以，有人说，采购方与供货方的关系，往往是商业社会中最复杂最微妙的关系。

令人费解的是，真维斯的供货方中却有不少合作多年的“老伙伴”。它们随真维斯进入内地开始合作至今。其中，惠州新天伦服装辅料公司与真维斯颇有渊源，还在30年前就为旭日供应吊牌、印刷品、商标等辅料，如今是真维斯最稳定可靠的供应商之一，两家企业每年的合作金额在3亿元上下。

在新天伦代表林长泉看来，真维斯是既“规矩”又“另类”的采购方。

新天伦定位服装代工，企业除了给真维斯生产，还与很多服装品牌有业务往来。几方比较，林长泉有两点深刻体会：很多采购商盛气凌人，把供应商都当成下家，“我是给客户骂得最多的”。而为拿到单子，林长泉平时要请客吃饭，维系关系。跟真维斯做生意，尽管真维斯对产品质量、交货准期率非常挑剔，但合作过程，一无受歧视感，二不必考虑请客送礼。杨勋规定，真维斯采购员不得收受供货商任何好处。

其次，合作中杨勋经常派专业的工作人员到新天伦，义务提升工厂信息化管理水平，提高生产质量。“要知道，我们供货的品牌可不止真维斯一家。”林长泉说。

不收礼是“规矩”,自掏腰包帮对方提升质量管理是“另类”。而“另类”还在于,真维斯的服装从设计到用料、版型,会邀请供货方全程参与,不避讳,不隐瞒,甚至允许争执。

一次,真维斯推出一款毛线衫,采购部出于款式考虑,希望用一种新材料,而林长泉坚持用羊仔毛,说“这种材料手感柔顺,不起球”。

双方争论了很长时间,各抒己见,僵持不下。

事情反映到杨勋那里,他说:“请林长泉参加产品策略会。”会上,林长泉对真维斯以往季度的发展方向、市场趋势,包括新季度毛准选择、颜色都有了认识。会后,他与真维斯设计部近距离接触,了解其追求的效果,问题迎刃而解。

林长泉说:“磨合的过程不可缺少,因为能够达成一个快捷的合作模式。很多品牌不会这样做,他们多半是‘我要什么,你做给我看就行了’。”其实,“彼此知道努力方向,工作畅顺,节省时间,也避免麻烦”。由此,真维斯摸索出一套与代工厂打交道的“三法则”:

> 一,了解工厂,多看,多听,少说话。明白工厂的进与出,购货、生产与销售。购货价格是否够平,数量是否过多,生产效率是否处于市场的较高水平。
>
> 二,团结。团结之道在于交朋友,交朋友之道在于忠、在于诚。诚者,开诚布公,没有不能公开的话;团结之道在于如何做人,做人之道,先学吃亏,让他三尺也无妨。
>
> 三,协助。协助对方把工作搞好。工作搞好对公司有利,公

司有利对大家有利，有利则多赢，不利则多输。

一般而言，服装行业普遍流程是：服装设计部出样式，然后把稿要用的毛料交给供货方，后者打样，样达到设计部效果，下订单。但是，有可能款式做好，原来的价钱却谈不下来，因为设计师一般会不断增加工序。工厂每一道工序都需要成本，整体成本增加，价格差距拉大，分歧出现，一来一回半个月，有时甚至耽搁一个月。每遇此情况，林长泉都焦头烂额。

不过，真维斯与其他采购方不一样。它会让新天伦员工参加产品策略会、款式订货会，而后，新天伦会根据真维斯风格选择适合的原料开发，让企业选择。

设计方面，新天伦提供一些自己设计的款式，供真维斯参考，并适时提供技术意见。比如生产毛衣，梭织上绣花，可以直接把布料放进机器刺绣，但成本高，且耗时。新天伦就会将备选方案列出来，与真维斯采购部讨论、修改，最终确定。久而久之，彼此有了默契，出了问题，不推卸，不埋怨，而是一起设法解决。

林长泉还记得曾经一批衣服领口测量标准不一致，导致生产出的衣服不符合真维斯订单要求。

此事之后，杨勋意识到供货方优化生产，实现流程“标准化、系统化、规范化”的紧要，指令信息技术部加大力度协助新天伦建立了ISO9000管理体系。对此，林长泉说：“与真维斯这样有商誉、有财力、懂规矩的采购方合作，我有什么不放心。”

双重角色二：虽“强势”但“体贴”的供货商

零售环节，角色互换，真维斯扮演加盟店的供货方，虽“强势”但“体贴”。

所谓“强势”，在于针对加盟商“不退不换”的订货政策。基本原则是：订单自选，加盟商根据需要自行删减，所有商品6折出货，一旦发货，无特殊情况一律不退不换。

这容易造成一种误读，即发货后真维斯就对加盟店不管不顾，像常言所说的“一锤子买卖”。实际招商过程中，这也的确给加盟商留下“强势”的印象，吓退了不少有意向的加盟商。大进加盟部副总监说，加盟商感觉“真维斯想要不管我”，望而却步。

事实上，“不退不换”非但不是“甩手不管”，反而是对加盟商负责的体现。

从业几十年，杨勋深知库存对服装销售的压力，因此要求订货时适可而止、量力而行。开展加盟业务后，杨勋也是力排众议，实施“不退不换”原则。在诸多竞争品牌招揽加盟商，许诺各项优惠，乃至包括“货品包退包换”的行业生态中，真维斯的“不退不换”另类且突兀。杨勋说：“不要想着挣加盟商的加盟费，这个钱真维斯不缺。我们搞加盟，目的是与加盟商共同努力，把‘物超所值’的产品推出去。”“不退不换”，不是转嫁压力，而是意在起到警醒作用，使加盟商结合实际制订采购计划和销售计划，防患于未然。

另一方面，很多服装品牌加盟经理和区域经理的收入与加盟商订货量直接挂钩，因此一般都会鼓励加盟商多订货；还有一种情况是加盟商为获得某种优惠或资格，向品牌示好，主动要求提高进货量。杨勋相信：与加盟品牌的厂商相比，加盟商财力有限，如果本末倒置，加盟商因贪多难消化而倒闭，对品牌更是一种伤害。

加盟真维斯，品牌加盟部的负责人事先会评估加盟商当地的销售空间，以及加盟商本身的销售经验和销售能力，以此判断大概应进多少货，然后帮其制订采购计划。

进货计划也是真维斯依据历年销售数据，科学分析而订，具有很高的精准度。真维斯自营店采用同一标准，提前预判，每个品种、每个款进多少货，都有详细指引。

这同样“强势”的表现——采购过程严格把控，订少不行，订多也不行。合理的订货量通过不断测试和全程调节得出，多年经验证明，计算的误差不会超过10%。

真维斯“强势”的第三个方面是“次品退换”。

生产品质领先行业，真维斯仍不可避免会出现次品。顾客买到次品，不管自营店、加盟店都能直接退换，毫无条件。但是，加盟店退货时，则需依流程先确认是否属于次品，再决定是否予以退换，这增加了加盟商经营难度，却让顾客的权益得到保证。

从根本上讲，真维斯“强势” 的目的是为降低存货率，出发点是为了“双赢”。可销售中，由于种种原因，库存在所难免。这时，真维斯“体贴”的一面便展现出来。

出现积压，真维斯加盟部的同事和口岸经理比加盟商还急。真维斯总部的计算机系统保证“老板只要一批签，一个小时内，减价指令贯彻到全国每一个店铺终端”。批签完成后系统自动调整，埋单时自动按打折价计算，提高了执行效率，加盟商省心、省时、省力。

正常情况，促销即可清理滞销产品。若最后真有库存，真维斯也不会坐视不管，会采取必要措施回购。企业会估算出一个合理价格，一般以出货价 7 折回购。

若非人为原因，而是因天灾等不可抗因素出现滞销，真维斯则会无条件收回。2008 年汶川地震，四川一些加盟店很长时间没有营业，积压大批货物，真维斯便无条件退换新货。2009 年夏天湖南大暴雨，夏季服装销售不力，短裤、T 恤大量滞销，处理方法同样如此。

大进加盟部副总监介绍，尽管订货“不退不换”，多年下来，“真正收拾不了，开不下去的加盟商，要公司去收拾的连 1% 都不到”。

道可道，非常道，悟道，既有道。一个身份，两种角色，张弛有度；既“规矩”，又“另类”；既“强势”，又“体贴”，这就是真维斯。

旭日三招

真维斯管理有三招，由旭日集团延续下来，俗称“旭日三招”。

招式一，“分轻重”。即要有分析问题的能力，也就是知道事情轻重、缓急。

每人每天有许多事，为更有效率地去做，应该仔细分析：什么事重要又急需做、什么事重要但不急、什么事不重要但急需解决、什么事不重要不急，按“急、重、缓、轻”步骤处理。

招式二，“随机应变”。即必须具备解决问题的能力，要因人、因时、因地制宜。

一件事情因时间、地点、当事人不同，会有不同结果。一件事在此地行得通，在另一地未必行得通。因此，做同样的事情有时需要用不同的方法，特别是面对某些“灰色”的、含糊不清的东西，更要灵活应变，以求解决问题。

招式三，“事缓则圆”。事情不能即时解决的，则需等待时机，关注事情的发展，待时机成熟后再去处理。有时缓一缓，或许会有新的机遇出现，收到事半功倍的效果。

杨勋谈到“旭日三招”时说：“很多人认为‘旭日三招’是三个方法，其实不仅是三个方法，更是三个步骤。做事先要分析时机是否成熟；第二，时机成熟，用什么方法；第三，时机不成熟，就等待嘛。”在他看来，没有完美的事情，所以分清轻重、定好目标，是第一步。随机应变，是抱着平和的心态，顺势而为。

真维斯大力推行标准化管理，很多东西求量化，但对于时间，并不要求太仓促地进行限定，等到时机成熟的时候，自然就“圆”了。

“旭日三招”是真维斯“不强求、不图快”的企业文化，是方法论。而以此“顺势、坚韧”的管理思维又延伸出雇员的“六个标准”，就属于价值观体系——忠于公司，有归属感；力求上进；有责任心；有团队精神；尊重及照顾下属；果断命令，不忘教育。

“一个人不忠于公司，三心两意不专心，工作怎么可能做得好呢？反过来，不忠于公司，他的能力越强，对企业的破坏力越大。同时，企业要进步，所以员工也要力求上进。”这两条是必须具备的，后面四条可以培养。

杯子的故事（上）：ISO9000 确立行业领先

某大学演讲现场，讲台上有一只带柄的茶杯。

演讲者问台下的学生："你们说，这只杯子有没有杯柄？"左右两侧的听众分别报以截然相反的答案，一边说"有"，另一边说"没有"。

演讲者笑了："你们的答案都对，但又都不对。从你们各自的方向，看到了局部，却忽略了整体。人往往习惯于从自己角度看问题，不免产生偏见，引起争执。"

演讲者正是杨勋，"杯子的故事"，往大了说，是讲人生；往小了说，是在强调标准。杨勋说："生活中，人们能以别人的角度看问题，兼听则明；工作中，所有流程都建立一套标准，则分歧减少，效率提高，品质有保障。"

1987 年，ISO9000 管理体系横空出世，传到香港已是 4 年以后。杨勋第一次知道ISO9000 时，香港会用的人不是太多，他也不懂，却预感到这套体系将掀起一场管理革命。

于是，杨勋亲自邀请香港理工大学的教授协助集团建立ISO9000 管理体系，并成立品质系统管理部。这在当时的香港也算先锋之举。1994 年，真维斯得到集团第一张ISO9000 证书。企业品质系统管理部副总监[①]说："据我所知，包括中国内地甚至东南亚，我们是第一家拿到这张证书的制衣企业。"

① 旭日集团企业品质系统管理部副总监，后文简称"企业品质系统管理部副总监"。

企业品质系统管理部副总监说："ISO9000 基本概念是——把应做的事写下来，通过渠道，让做事的人知道应该怎么做，再对应检查，实现预期结果。"概念简单明了，可推行实施起来，困难重重。即便多年后的今天，ISO9000 在服装业普遍应用之际，绝大多数也付之阙如。这套以"非噱头、重实用"的管理体系在内地真维斯各口岸推广，遭逢之困可想而知："重点是写下来，怎么让他们看懂，并知道我们到底想要的结果？又如何改掉他们以前做事的方法？"

杨勋说："一些四五十岁的员工，不懂英文，也从来没用过计算机。那我找人培训，给你时间学，不学就另谋高就。"

最终，企业品质系统管理部在上海找了试点，将体系中繁多的文字说明以数字方式进行简化——数字表示目标，图画显示流程——让大家容易理解和看懂。即便这样，完成整个过程，大概也用了两年多的时间。

ISO9000 体系成效立竿见影。引入之前，真维斯的供货方大进制衣厂为保质量，决策是"货能走，不能急"。普通工厂只有"一级品管"，每道工序后设检查员，而真维斯推行的方法称为"二级品管"——每道工序除检查员外，还有一位总检查员，"直接归老板管"。但是，检验员把控不了制造过程。因此，尽管质量"抓得紧"，"100 件衣服可能 96 件通过检验，剩余 4 件成为废品。损耗率高达 4%"。生产过程中在不停产生损耗，利润很大一部分丢失在这里。

实施ISO9000，管理标准监控生产环节，整个过程按部就班，不再出现返工，总损耗率降低到 1%，而行业平均损耗率是 2%~2.5%。企业品质系统管理部副总监说："4%降到 1%，中间的部分就是纯利润！我也听到过一些质疑，‘一分钱一分货，真维斯价格低，怎么保证品质’？当我们从生产开始，抓住每个细节，节约每项成本，当然能做到物超所值。”

次品率和零售退货率是反映质量标准的重要指标。实施ISO9000后，真维斯的次品率有较大幅度的降低，并始终维持在较低的水平。图7–1显示了2009~2011年真维斯各季度次品率。

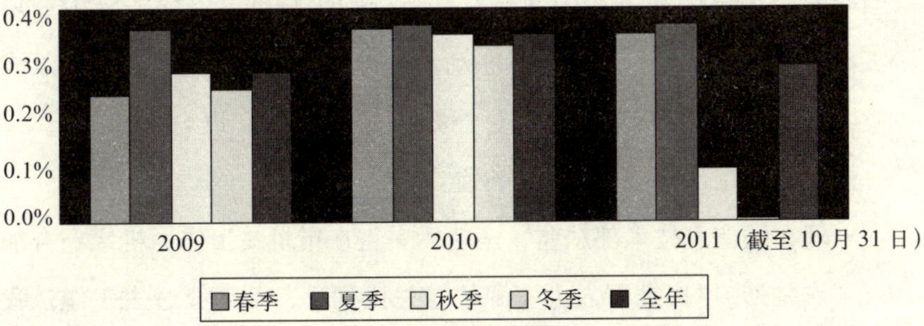

图7–1　2009~2011年各季次品率

杯子的故事（下）：信息化成就“最佳ERP应用奖”

引入ISO9000标准化品质管理体系，与自始至终的信息化管理体系相辅相成。若非ISO9000标准的建立，自然就没有对于“标准创造效益”的体会，企业也不会费尽心机自主开发一套适合自身的信息管理系统。

企业信息化是当代企业的必由之路，杨勋对此的理解是：“企业的管理通过信息来执行、去落实。”问题的另一面在于，企业信息化只是初级阶段，高级阶段是“信息化企业”——利用信息进行企业决策与判断。

1993年，西方企业在信息化建设方面已卓有成效，几乎同时，真维斯也踏上了信息化之路。与其他企业直接购买软件不同，真维斯着力于“自主研发”。

彼时华南区副总经理当时恰巧在惠州组建内地总部，杨勋下令“一旦组织好行政部，立即招人组建电脑部（即目前的信息技术部）”。当时，个人电脑还未在内地普及，当杨勋了解到“电脑能减少重复工作，提高效率”时，他怦然心动。其时，惠州总部连财务部都没成立，华南区副总经理就开始招“懂电脑”的人，“进电脑部的员工，一定只要名校计算机专业的毕业生”。

现在的信息技术部总监，毕业后一直在市机关工作，机缘巧合加入了真维斯。“真维斯人力资源的老总找到我，希望我过去工作。我想一个服装企业有多大的前途，不过，对方很热情，我就去企业转了一圈。双方交流后，我发现这家企业虽刚到内地，但目标雄伟，企业正在考虑怎么用信息化支撑整个外界管理，包括市场、客户。”

戏称自己“年轻不懂事”的信息技术部总监觉得这家企业“有戏”，而且“自己发挥空间余地大”，遂辞去机关工作，到真维斯开发零售终端软件（POS）。

这套软件的研发成了真维斯信息化建设的肇始。随着开发愈深入，信息技术部总监愈觉得：只此一套软件无法全面利用内部相关数据，系统层面不体系化，业务处理上形成了信息孤岛……信息建设本质核心是资源的协同。自此，思路必须转变为“由内而外”，先解决内部管理系统，如人员资料、市场数据，进而解决对外的零售、客户等对象管理。

以财务为例，之后若干年，很多企业习惯于直接购买财务软件，真维斯的信息化建设起步较早，也尝试过购买软件，可惜并不适用。欧美软件相对成熟，但是是根据美国市场特点建立的软件体系，软件买来后杨勋感觉，“中国服装零售市场完全套用欧美的系统，会被系统限制。用得越多，限制越死，后期要变革很难”。

他指令信息技术部总监，通过真维斯自己的业务逻辑，自主研发“商品开发、销售管理、预算管理、库存控制、财务控制、人事管理”等系统，统称为ERP管理系统[①]。

这样做的好处是，公司业务发生变化，信息系统可随之而动。举个例子，真维斯门店员工上万，不同年纪、背景、教育程度的人员，思想与喜好不同，如果没有自己的管理系统和标准，这些人如何做到协同工作？一线员工流失率相对较大，若“一个人走了，再来一个人，又得重新培训”。

人力资源只是ERP管理的内部层面。涉及外部变化方面，如禁塑令实施，真维斯在第一时间对系统进行修改，从塑料袋的订购、发放到销售包括资金回收，全国每家门店第一时间都能得到更改，迅速应对。再以价格策略为例，若非信息化系统，“减价”只能通过电话或者传真传达。现在则很简单，老板一批准，一个小时内，减价指令便贯彻到全国每一个店铺终端，系统自动调整。

---

① ERP是Enterprise Resource Planning（企业资源计划）的缩写，是针对物资资源管理（物流）、人力资源管理（人流）、财务资源管理（财流）、信息资源管理（信息流）集成一体化的企业管理软件。

当然，在“信息化”的包装大过实用的商业现实中，但凡有规模的服装品牌都会设置自己的电脑部、技术部。具体部门名称可能多变，但目的只有一个——信息化。因此，老板一个指令，片刻间全国响应的事例，也许在行业里少见，但绝不罕见。不过，与“走过场”、“做形象”的方式不同，真维斯的信息化是在“建长城”。

主观上，自主研发信息系统的工程有“长城”的战略防御作用。日常运转中，供应链管理、企业核心价值、员工认同、信息化精细管理都在配套软件中体现。如此一来，完整的内部管理保证企业拥有不可复制的竞争力，“防止别人打进来”。

客观上，信息系统为内地服装行业创造了价值标准。“企业各个方面采用数字化管理，能快速地查到问题所在，并针对问题调配。整个公司不再是以个人风格行事，而是有统一准则，这也屏蔽了一些个人的发散性思维的弊端。”

一言以蔽之，真维斯建的这道“长城”有四大特色，依次如下：

第一，精确。

服装业强调“调销比”，即调货与销售的比例。真维斯的调销比高达90%以上，就是说调100件货，至少90件在终端最终能被卖掉，如此一来，降低了存货率，节省了运营成本。

要实现高调销比，首先信息采集要迅速，分析要及时，准确度要高；第二，货品反应速度和运作频率要快。如果纯人力，可能要半年或一年下单，才能分配给货。而在自主研发的信息系统下，真维斯能实现市场信息及时反馈，每一周、每一月都能及时调货、配货。

第二，快捷。

如前所述，要做到“精确”必须“快捷”，信息化帮助真维斯能够“多仓发货”。

实现高调销比，不可能要求加盟商每周都来惠州看货下单。真维斯有自己的加盟商运营平台，月均交易额超过1个亿；B2C[①]销售逾千万，有时日发货量达好几万单。

一般情况，其他品牌处理订单，会向不同部门或者同一货仓下单发货。真维斯的方式是根据顾客的订单地址、仓库的货品存货和负荷能力，平衡综合分配，多仓发货。

信息技术部总监说：“没有自主研发的信息化系统，哪个仓库有货不知道，仓库负荷量怎样也不知道。真维斯的发货方式，不要说普通企业，就算专业网商也没几个能做到。”

第三，全面。

“真维斯遍布全国有几千家店、十几个配送中心、200多家工厂、近千个加盟商，这么大的供销网络，要协调一起，单靠人很难。”电脑部总监说，“顾客看中一件衣服，颜色尺码不合适，怎么办？可以说，‘店里没货’；也可以说，‘暂时没有，有了通知’。但我们的系统可以查仓库有没有货，其他店有没有货，马上可以答复顾客。”

第四，优化。

怎么算赢利？在信息化系统里订一个目标，“各个岗位根据目标

① B2C是英文Business-to-Customer（商家对顾客）的缩写，中文简称为“商对客”。“商对客”是电子商务的一种模式，也就是通常说的商业零售，直接面向消费者销售产品和服务。

工作，业务概念数字化了。再说，以前盘点需要两三个月，现在大约一周”。

至于明确责任，“比方我发了一批货，过几天你收到货发现少了，那到底是哪个环节的问题？我可以怀疑你收到货的时候虚报数据，你可以怀疑我发货的时候虚报数据，抑或双方都怀疑物流出错。各方都有道理，责任却界定不下来。有了信息化监控一放一收，责任到位”。员工不担心别人的问题转移到自己身上，能安心工作。

2008年，真维斯参加全国全行业信息化评比，排在第156名。①

同年，国家信息化测评中心一支研究队伍在真维斯总部进行了两周实地考察，次年春，真维斯获得了国家信息化测评中心颁发的“最佳ERP应用奖”。

从20届“真维斯杯”走出的设计师（上）

作为内地服装业历史最悠久的设计比赛，“中国真维斯杯休闲装设计大赛”20年间输送出的优秀设计人才不计其数。只是，少有人知道，“真维斯杯”原属“无心插柳”。

1992年，上海服饰协会筹备一场设计比赛，万事俱备，唯缺资金。赛事负责人与杨勋比较熟悉，了解后者“爱助人”，便拉他来赞助。“纯粹为了帮朋友”，杨勋爽快地答应，拿出2万元承办比赛，颁奖时干脆以企业名称命名，叫做“旭日杯”。第二届大赛，集团赞助

① 受资金、规模限制，服装行业在全行业来说处于弱势地位，全行业150多名，算得上是不错的成绩。

了3万元，恰逢真维斯进入内地，顺势改名“真维斯杯”，沿用至今。

这时期的“真维斯杯”只是一个地区性赛事，局限于上海一带。1996年，杨勋当选中国服装协会副理事长，为此，第5届大赛搬到北京，面向全国。

随着规模的扩大，举办费水涨船高。“大概需要几十万元的样子。”杨勋回忆，“但考虑到很多人觉得大赛对国内服装业锻炼后备人才有帮助，负担也并不重，就这样办了下来。”

直到现在，“真维斯杯”影响不断累加，费用开支迅猛攀升，已过千万预算。

从区域到全国，再到国际性的服装设计比赛，“真维斯杯”参赛条件绝不苛刻，凡是对服装设计有兴趣的人均可报名。

选手比赛时，真维斯聘请国内外知名设计师指导选手设计，评委架构及来源上采取固定制：一，每年都邀请一位中国服装设计师协会副主席；二，香港时装设计师协会资深成员；三，历届“金顶奖”得主；四，真维斯商品开发部总监级职务的设计师。除此外，“真维斯杯”有数量庞大的“评委群”，初评、分赛区决赛到全国总决赛，每个环节邀请不同评委加入。一路下来，选手面对的全是高水准的不同评委。

“真维斯杯”评委大进商品开发部总监说：“内地的学生基本功好，美术、设计、草图不错，但是创意方面和设计思维与香港、国外有不小差距，这需要他们去观察、借鉴和吸收，‘真维斯杯’恰恰提供了机会。这几年，参赛范围扩宽，香港、澳门、英国等地学生的加入，带来更多设计思想的碰撞。”

事实证明，这对选手的设计思路和创意理念都有显著的启发作用。

10 年来，大进商品开发部总监最直观的感受是，内地学生的设计实用性不断增强。他们之前的设计理念单薄，主要着眼于设计本身，参加“真维斯杯”让他们明白了“设计的产品一定要着眼于消费”。

10 年前，内地学生设计的参赛作品不可能穿出去，现在不但可以往外穿，还可以卖出去。大进商品开发部总监强调，“还是放在名店里面能卖好几千的那种”。这与真维斯理念一致——无论多么有设计感的衣服，如果不能大批量生产，被更多的消费者接受和消费，价值都会大打折扣，甚至失去意义。

从 20 届“真维斯杯”走出的设计师（下）

“真维斯杯”有一笔专用资金是用于带有公益色彩的“真维斯杯设计精英会”，帮助选手实现并提升商业价值。“精英会”每年举办数百场商场展演，穿针引线地搭建商业交流平台，给选手提供“自己发现自己”的机会，同时将设计作品商品化。

第 17 届“真维斯杯”休闲装设计大赛的亚军王景，获奖后没有选择加入真维斯，而是创立了自己的工作室。不过，她与真维斯的缘分并未止步于比赛，真维斯给了她源源不断的机会：2008 年，在真维斯的推荐下，王景入围“香港新系列时装创作大赛”；2009 年 3 月，中国国际时装周上，她又被真维斯邀请参加“真维斯杯设计精英会”会员作品汇报演出。

从未在真维斯工作过的王景感慨："他们完全该把机会留给自己企业中的设计精英，他们凭着对人才的博爱，选择了刚走入社会不久而且效力其他品牌的年轻设计师。他们对设计师的培养远远超出了企业范畴，上升到对设计真谛的阐释——设计零界线。"

也有许多选手被这种无私气概吸引，有了对真维斯企业价值观的认同感。

吴培昌是第16届杯赛东部赛区20强、第17届东部赛区总决赛优秀奖得主，他的感受是："真维斯这样处处为选手着想的企业并不多见。"

16届大赛闭幕不到两个月，吴培昌收到"真维斯杯"组委会邀请，作为第18届"真维斯杯"主题启幕仪式的开场秀成员，进入"成衣制作"和"专家辅导"程序，由著名设计师王玉涛亲自督导。随后，他又进入"真维斯杯设计精英会"，与优秀选手同台展示，交流收获。

一部分优秀选手最终成为了真维斯的设计师，他们刚走出校门，内心涌动着斑斓的梦想。可在真维斯，他们逐渐感觉，做设计师不能单靠心血来潮的灵感，也不能只从专业杂志捕捉方向，更不能看到什么流行就做什么，而是要定期统计各类产品销量，结合市场。

枯燥的数据令不少人感到失落，在现实与梦想之间逡巡，总有一些人离开——去其他企业另谋他就，或者去为知名设计师做助理。也有人离开后，心生悔意，真维斯也总是大度地"欢迎回来"。

有一名从"真维斯杯"选拔出来的员工，工作4个月后突然辞职，想去开一家自己的店铺，卖一些自己设计、制作的产品。

辞职报告交到国际商品开发部总监手中，国际商品开发部总监认为，有理想是好事，闯荡也没什么不可以，同意让她走。但她又觉得此人有设计天赋，批准离职的同时，给她发去一封邮件，大意说“如果有一天你想要回来，我一定欢迎你”。

大概过了两个月，国际商品开发部总监接到一个电话，是这个姑娘打来的，她说自己没有创业，而是在老家的一家服装企业工作。新工作单位管理随意、混乱，相比之下才感觉真维斯的管理正规和完善，再三犹豫下打了电话，希望能回真维斯。

国际商品开发部总监立即请示老板，当天便得到批准，马上安排入职。

有人问过杨勋：“一家企业做一个行业赛事，许多涌现的人才根本没有进入真维斯，进入的又有离开的，这钱花得值不值？”

杨勋淡然地说：“不给他们机会，怎么促使他们进步？没有这个活动，怎么产生行业凝聚力？比赛，对设计师是帮助，对行业是提升，对企业也是宣传，谁都不吃亏。”

品牌经验：建立符合商业规则的生态价值网

JEANSWEST

作家凌志军有句话听起来令人伤感又回味无穷：“如果能够领先10年的公司是百里挑一，那么能够领先20年的公司就是万里挑一。”

过去20年，真维斯一直在成长。倘若将其“做大做强”简单归因为靠误打误撞的肆意妄为或者运气，显然草率而唐突。而不管背后发生的故事如何，真维斯打造出符合商业规则的经济生态网，对于整个行业都具有极强的示范效应。

整个商业活动就是一张错综复杂的生态价值网络，每家企业都是生态价值网络上的节点，“以点带面”，在其周围形成一张小的生态价值网。所以，任何企业，它们既是网络中的节点，也是自己构架的一张小型生态价值网络的中心。真维斯以自己为原点，编制了一张价值网。这张网，坚持“不强求、不图快”的谨慎、有序扩张，同时行之有效的管理、制度和文化建设，则加强了这张网的稳定性与牢固性。这些基于自由经营环境下总结出来的实战经验，对于其他企业有很大参考价值。

价值网中，顾客是重要的一环，真维斯以“物超所值”将其嵌入网中。而上游的供货商以及下游的加盟商，与真维斯也有着良好的互动。因为真维斯的存在，它们的交易价值更高、交易成本更低、交易风险更小。确切地说，真维斯为承担成本的利益相关者编织了一张能保证它们“各取所需、各得其所”的网。

真维斯的成长基因未必适合所有的企业，但在行业留下的印记鲜明而清晰，至少告诉这个行业，选择什么样的商业模式、成长模式有可能成功，哪些失败则可以规避。

JEANSWEST

第八章
真维斯拿什么给社会？

商业从来孤独，却从不孤立，如同一个包罗万象的小宇宙，浓缩了伟大与渺小。

富豪均是巨额财富的拥有者，但并不一定都是人生意义上的成功者。财富的来源与其说是经营所得，不如说是拜中国经济崛起的大势所赐。

任何将自己与社会割裂的企业或品牌注定如朱自清在《匆匆》中写的那样：“去的尽管去了，来的尽管来着；去来的中间，又怎样的匆匆？”而若干年后，除去那流水营盘的富豪榜和走马观花的富豪名，能够让人刻骨铭心的也许只是人心中留存的公道、责任与担当。

穷则独善其身，达则兼善天下

《易经》说："修辞立其诚，所以居业。"喧闹的商业世界中，企业、品牌的成长与磨砺，除了坚定某个商业目标，真诚与责任一样重要。

企业的价值，除赢利外，就是对社会的影响。管理大师彼得·德鲁克说："每一个机构都是社会的一个器官，而且为社会而存在。工商企业也不例外。自由企业不能由其本身来评定其好坏，只能由它对社会的影响来评定其好坏。"

世界上伟大的公司，大都因为其改变了社会运行的轨迹而名留史册。相对于漫长的世界商业历史，真维斯显然还是家年轻的公司，但它的目标和有远见的企业一样，"行为世范"。

杨勋常说一句话，"穷则独善其身，达则兼善天下"。他的解读是："一个人能力小，先照顾好自己，处理好自身问题，不给别人添麻烦。有能力的时候，要帮助别人。如果我们企业每一个人能做到这一点，那么企业就厉害了。”

所谓“厉害”，首先指在专业化方面日益精进。在杨勋看来，“老老实实去工作”，开始时与别人显不出差异，没有什么不一样，时间一长，就有区别了。从企业到个人，随环境的改变提高自己，踏实安稳地“独善其身”，去伪存真，保留优点改正缺点，并且“每一个人每天坚持去做，不断检讨”，天长日久，“总会进步，只是速度问题”。

老老实实工作是“独善其身”的外化，至于其内化，则涉及“厉害”的第二层意思。

参差多态乃人类本源，个体差异性在所难免，所以对同一问题个体会有不同的见解和境界。

房地产比零售业赚钱容易，但真维斯坚持服装零售。刘伟文解释：“老板希望通过真维斯，建立中国的服装零售连锁经营模式。他希望有一天自己能够成为中国服装零售连锁经营的一个重要人物。把行业的模式、方法确定下来，对他来说可能比多赚几个亿更好。”

杨勋则说，做慈善其实是修行，做真维斯本身也是在修行。房地产是资金密集型产业，服装零售则是劳动密集型产业，后者创造的就业机会非前者所能及。真维斯背后有很多家庭，有很多人为真维斯服务。“要帮助这么多人，什么方法是最好的？给他们钱？还是提供一个好的工作环境呢？”答案显而易见。

第三层意思蕴涵在前两层之中，又超越了前两层：“兼善天下”。

常有人问杨勋：“生意做到这个地步，为什么还这么努力？”而在惠州学院前院长史义民印象里，20 多年的交道，他没见过杨勋像其他香港商人那样打高尔夫球，“他生活简单，工作实干”。杨勋的回答是：“别人是为了吃好，我吃饭只是为生存，吃饱就行。”在他眼中，真维斯不只是一家单纯赢利的私有公司，更应该成为一个有社会效应的经济组织，承担起相应的社会责任和义务。因此，真维斯一直致力于积极推动慈善事业，这是显性的对社会的帮助；同时，举办真维斯杯设计大赛，树立行业标准，又是隐性地对行业作贡献。

截至目前，真维斯捐资逾1亿元，以建设学校、资助贫困大学生及各种方式支持教育事业。表8–1显示了1998年至今真维斯开展的部分公益活动及捐赠情况。

表8–1 真维斯开展的公益活动（部分）

时间	相关项目	捐款金额	成果
1998~2009	希望工程	700多万元	在四川、甘肃、湖南、江西等29个省、区捐建真维斯希望小学36所
2005至今	真维斯大学生助学基金	2 700万元	在北京、上海、山东、辽宁等16个省（市）的28所高校发放
2007	真维斯希望教师基金①	600万元	改善贫困地区的办学条件、支持希望小学的建设、出力普及九年义务教育
2007至今	真维斯希望工程爱心社	社会服务	真维斯希望工程爱心社成员多为“真维斯大学生助学基金”受助生。爱心社遍布北京、上海、成都、青岛、沈阳等多个城市，他们定期前往各地希望小学开展爱心活动
2007	爱心岗位助千名学子上大学	提供实习	暑假期间，真维斯为考上大学的1 000名寒门学子提供全国各店铺工作机会

① 真维斯与中国青少年发展基金会共同实施“真维斯希望教师计划”并斥资600万元为该计划设立“真维斯希望教师基金”。青少年发展基金会下文简称“青基会”。

（续）

时间	相关项目	捐款金额	成果
2008	赈灾捐款	超过 1 000 万元	捐赠现金及大量衣物给四川地震灾区
2008	中国扶贫基金会	220 万元	为 55 所贫困小学修建操场
2008	四川阿坝师范高等专科学校	超过 46 万元	为四川阿坝师范高等专科学校捐建物理实验室，以及资助 56 名特困学生
2009	华南农业大学	100 万元	祝贺百年农校，支持该校各方面建设
2009	中国青少年发展基金会	10 万元服装	开展“希望工程 20 年系列活动”和“成都百年农工子弟职业学校开学典礼活动”
2010	玉树地震	100 万元	表达真维斯全体员工对灾区人民的慰问
2010	真维斯希望小学	10.5 万元	四川地区遭受特大洪水袭击，向渠县流溪乡真维斯希望小学捐赠课桌、计算机
2011	中国青年创业就业基金会	1 000 万元	支持开展青年创业就业工作
2011	团中央中国青年志愿者协会	300 万元	与团中央中国青年志愿者协会合作，共同开展“共青团关爱农民工子女志愿者服务行动”及“大学生志愿服务西部计划”项目，通过企业出资的方式资助年轻人开展志愿活动

彼得 · 德鲁克说过：“如果每家企业都能形成良好习惯，就能对造就良好的社会有推动作用。如果企业四周的有关组织争相效仿，那么良好的企业就能堂堂正正作为时代文明和进步的标志，极大地有利于社会。”

借用供货商林长泉的话则是："我们能力不强时，专注服务，不给客户增加麻烦；当工厂有一定效益，我们也乐意为社会尽一点责任。这就是与真维斯合作最大的收获。"

未断裂的慈善精神

西方企业家社会责任的理解大致如卡内基所说，"去世时仍然富裕的人是可耻的"。相对应地，"穷则独善其身，达则兼善天下"，则是中国商人的慈善渊源。只是在不重商的国度，"穷"是多数，"达"则多见于官吏、乡绅。自古以来，尽管国人经商有所成者屈指可数，举家纾难做慈善者却不可数量。

清末以降，民间力量走上历史舞台，商人群体逐渐形成气候，蔚为可观，在动荡时局颠沛流离之中更激发了他们的慈善之心。奈何环境凋敝，经商不易，痛感于心，多有商人走出海外，但慈善精神并未中断。及至民国，战乱更甚，华侨捐资捐物，慈善事业亦繁荣一时。

彼时，马来西亚富商郭鹤年、林梧桐；新加坡大亨黄祖耀、郭芳枫；菲律宾侨商陈永栽、施至诚以及印度尼西亚的林绍良和李文正……还有产业遍布东南亚、叶落归根的陈嘉庚，均为翘楚。陈氏后人回忆，晚年陈嘉庚喜诵范仲淹"先天下之忧而忧，后天下之乐而乐"之句，在其1946年所著《南侨回忆录》有曰："对于轻金钱，重义务，诚信果毅，疾恶好善，爱乡爱国诸点，尤所服膺向往，而自愧未能达其一，深愿与国人共勉之也。"

然而，刚刚勃发的商业精神在1949年之后出现大约30年的真空，整个社会中，一个活力阶层断档30年。岂知，商业之举虽断，慈善传统未裂，非但不曾湮灭，还在去国离家的商人当中光大。中国青基会秘书长涂猛说：“郭鹤年一批华侨商人，一直坚持行善，只不过换了手段，换了地点。”而1978年后，南洋、香港那批所谓“先富起来的人”纷纷归国，一并带来炽烈而纯真的慈善精神。

菲律宾“百货巨头”施至成尝言：“我在中国内地投资，一半是基于乡情，另一半才是商业考虑。”放诸视野，美国前总统约翰逊的经济顾问瑟罗以一位局外人的眼光来看待华商：“海外华商对中国大陆改革的最大贡献，不仅是投资，而且还教会了他们的同胞运用市场经济的游戏规则。”何止如此？更重大的意义在于，海外华商以身示范，续接上了久违的慈善精神。

中国的商业曾经凋零，无处可寻，但南洋、香港企业家这种“先有乡情、再有商业”的慈善精神，从未断裂。1993年真维斯在内地的第一家门店开业，同年“结缘青基会”。此后，企业以自己的方式与赤诚，以自己对“慈善”的理解将慈善情怀延续至今，为这个经济力量日益强大的国家注入一股“慈善风”。

结缘青基会，始于1993（上）

管理大师彼得·圣吉调研发现：“愈来愈多的企业不用传统方式来凸显自己，而是以责任感使自己脱颖而出。企业如今不仅为顾客提供好的服务、为股东带来高的报酬，有些企业承认，它们负有善用力量的责任。社会授予企业追逐利润的权利，随着权利而来的是责任。”

彼得·圣吉的结论至少包含两层观点：一，企业只有在获得利润、服务顾客和报酬股东的前提下才会主动肩负一定责任。二，企业无论采用何种方式，目的均是为了“凸显自己”，“使自己脱颖而出”。这大致揭示了多数企业做慈善的现实条件和心理动机。

固然，扎实的财力为慈善提供经济基础，通过善举获得一定的曝光度也无可厚非。但是，即便身为管理学大师的彼得·圣吉也忽略了“有的企业还真不一样”。

真维斯有专门的慈善基金，资金用为两部分：宗教捐赠与教育。后者包括与青基会合作，捐建希望小学、资助大学生、关爱农民工子女等。

与青基会结缘可以追溯到1993年。

当时，真维斯立足未稳之际，已开始寻找公益慈善项目。彼时河北省还属于华中口岸，有一批贫困学生受困失学。口岸知道此事后，上报杨勋，在杨勋授意下口岸和河北省青基会取得联系，先期资助1 064名小学生6年学费，后又追加1 000多名。这开启了真维斯与河北青基会合作的历史。

此后，真维斯参与希望小学建设、学校配套设施建设、资助贫困大学生、大学生支教、大学生社会实践……没有间断、从头到尾地参与了河北省青少年公益事业几乎所有项目。一路走来，河北省青基会理事长侯树林感慨不已：“我们每年会接收许多企业参与公益项目的申请，其间不乏国际跨国大佬。总的感受，企业做公益各有各的目的，有些为拓展市场，有些为提高品牌美誉度，每次活动会要求请多少家媒体。但真维斯出发点不一样，不博品牌认可度，而是真心做公益，不纯粹帮穷孩子完成学业，更想帮他们提升能力。真维斯坚信，捐赠只是帮助的开始。”

河北省城乡教育资源分配极端不平衡，乡村学校学生课余活动匮乏。对很多乡村孩子来说，他们需要读书，也同样渴望有自己的操场、一张自己的乒乓球桌。侯树林说：“一般企业捐赠不会注意到这些。”真维斯除直接捐助学费外，还着力帮助学校硬件设施改善，捐建“新成长阳光操场”。

唐山乐亭有所希望小学，真维斯送去价值十多万元的体育器材，修缮操场，还提倡开办“家乡文化班”，让学生们课余学驴皮影、评剧、乐亭大鼓等乐亭文化。真维斯希望，这些被列入“世界非物质遗产保护”的地方文化，不至于在年轻一代中失传。[①]侯树林总结说：“真维斯做慈善不请媒体报道，不做公开宣传，追求的是人的变化。”

结缘青基会，始于 1993（下）

何谓人的变化？

真维斯在河北省重点资助河北科技大学和河北师范大学的贫困生，每次发放助学金，口岸都会派人到学校组织学生们上一堂公益理念课，鼓励他们：“生而贫困，你不可选择，但是你能提高能力，能更好地融入社会，而将来有能力时，也希望你们能去帮助其他有困难的人。”

① 至今真维斯在全国 29 个省、市、自治区，捐建希望小学 36 所，“真维斯 · 新成长阳光操场”55 座。

贫困学生多生于农村，初到城市，难免产生自卑感。真维斯则提供实习岗位，帮助他们矫正心态，“开阔眼界、提升能力”。

侯树林感觉“确实有效果”，学生心态更积极，也开始热心公益。学生们组织了“真维斯爱心社”，到敬老院、幼儿园奉献爱心。2011年春天，侯树林与他们去西柏坡希望小学参与公益活动，“队伍已经很成熟，每个人都变得很阳光”。

吕兰芳，真维斯资助的第一批内地学生当中的一员，出生在河北省邢台县一个贫困的乡村家庭，家中弟妹众多。10岁时，吕兰芳父亲患癌症去世，年迈的爷爷又患上白内障，一家人生活的重担落在她母亲肩上。因为交不起学费，吕兰芳被迫辍学回家。

1993年的一天，吕兰芳突然接到学校通知，“一个香港人资助你，你可以回学校上课了”。吕兰芳开心地回到校园，心里很感激资助自己的人，同时又好奇这人是谁。从汇款单上，她得到了答案：杨勋。

此后，写着“杨勋”名字的汇款单伴随吕兰芳，成了她的支柱和激励。2003年，吕兰芳考入邢台学院外语系，她写了一封信，把这个消息告诉了杨勋。

2005年，作为“真维斯大学生助学基金”资助的学生，吕兰芳照例得到一份节假日带薪实习的机会。期间，她了解到服务行业的运作，锻炼了语言表达和与人交流的能力，而最让她感到意外的是，资助自己的杨勋，原来是真维斯的董事长。

第二年3月，在真维斯石家庄分公司安排下，吕兰芳第一次见到杨勋。

13年的帮助，千言万语汇成两个字——“谢谢”。在此之后，吕兰芳学习之余，每周六、日都会去敬老院看望老人或去聋哑学校看望那里的孩子。她想，“我也要力所能及地为别人做点事”。再后来，2008 年 7 月，吕兰芳成为真维斯一员，在澳洲组采购部负责跟单。周末，她还是会和同事去敬老院，或去向五保户派发粮油，“要把这份爱心传递下去”。

吕兰芳只是无数受真维斯资助学生当中的一员。

河北青基会打开了真维斯扶助内地青少年发展的一扇窗户，此后，真维斯每到一地便与当地青基会保持联系。2005 年，真维斯和中国青基会合作建立“真维斯大学生助学基金”，截至目前，共投入 2 700 万元人民币。上万名像吕兰芳那样的贫困学生受惠于此。

果断命令不忘教育[1]

2007 年 9 月，10 名河北科技大学、河北师范大学应届毕业生成为真维斯首批支教教师，前往河北欠发达地区。支教期间，真维斯向每名支教学生提供每月 800 元的生活补贴。

河北科技大学服装设计专业的白翠翠属于这一批支教的学生。她支教的地点在张家口怀来孙庄中心小学，交通闭塞，生活条件艰苦，一个月只能到县城洗一次澡，没有电视也上不了网，一日三餐和学生们吃同样的饭菜。如此环境下，白翠翠教学之余，还要和其他老师照

① “果断命令不忘教育”原是真维斯对雇员的六条标准之一，也是企业“强势”与“柔势”文化的平衡。本节借用“果断命令不忘教育”，记述长期以来真维斯对大学生支教公益活动的支持。

料300名住校生的生活起居，而住校生中最小的只有7岁。

白翠翠负责教授英语，这是山区学校最缺乏师资力量的课程。她来之前，孙庄中心小学没有固定英语课。白翠翠讲究授课的趣味性与互动性，她的英语课是最受山里孩子欢迎的热门课。

第一批支教老师给山区孩子带去知识与眼界的同时，真维斯正在将“支教教师”计划推向全国。同年，真维斯与中国青基会合作，设立“真维斯希望教师基金”，以企业出资的形式资助优秀大学生到贫困地区基层学校开展志愿服务，帮助希望小学提高教学质量。截至目前，2万余名学生参与其中。

浙江传媒学院2008届毕业生胡亚光毕业那年，放弃电视台记者就业机会，到衢州衢江区岭洋乡真维斯希望小学做了一名支教教师。旁人不解，胡亚光却说：“记者将是我终生为之奋斗的目标，以后有的是机会。志愿者的机会仅有这一次，不能错过。”

半年没有回家的胡亚光，毕业后直接到大山深处的学校报到。她利用学生放暑假熟悉环境、整理资料。开学后，胡亚光担任二年级班主任，承担起3个年级的教学任务，教授4门课程。工作量不小，她仍利用各种机会与学生沟通、做游戏、打篮球，与学生打成一片。

惠州大学黄坤晴2009年毕业时参加了真维斯组织的海南支教活动，到安定县富文镇坡寨初级中学任教。富文镇条件简陋，每逢下雨都会停电、停水，只能去水井挑水。黄坤晴到达第二天发高烧病倒，第五天台风来袭。人地两疏，他没有后悔，教学困难却让他一筹莫展。

黄坤晴教两个班的数学课，他上课不苟言笑，要求严格，学生们兴味索然，个别调皮学生甚至在背后用海南方言议论他。第一学期结束，黄坤晴想到放弃。

放假回家，黄坤晴向大学老师请教，被一句话点醒："学生不爱学，多数原因出在老师身上"。开学后，黄坤晴主动改进授课方式，讲笑话缓和课堂气氛，主动学习海南方言，拉近与学生间的距离，慢慢被学生接纳。一年后，支教结束，学生们已对他恋恋不舍。

海南支教的经历对黄坤晴触动很深。结束后，他成为真维斯加盟部一员，积极主动、乐于沟通的性格让他在工作中获益无穷。

CSC9000T，一块难"啃"的"骨头"

"推行CSC9000T[①]是社会责任。"企业品质系统管理部副总监说这话的时候，距离他第一次接触到这个社会责任管理体系已过去了4年。这一体系建立的目的在于，将社会效益与经济效益目标一同进行管理，尤其对劳动密集型企业而言，引导企业发展，进而为员工"增加工资、减少加班、提高福利"。

企业经营的目的是利润，CSC9000T却强调"增加工资、减少加班、提高福利"。用杨勋的话讲就是："工人得到好处，老板没有好处，老板们就没兴趣了嘛。"企业品质系统管理部副总监也说："第一次接触CSC9000T，我觉得'加工资啊、不能加班啊，工人的福利提高'，这些事情都是增加成本的事情。"所以，落实CSC9000T社会责

① CSC9000T是由中国纺织工业协会发起，面向全国纺织企业推行的一套社会责任管理建设体系，对劳动合同、工作时间、薪酬福利、职业健康与安全等10个要素进行考核评估。

任管理体系，是中国服装企业一块难“啃”的骨头。

中国纺织工业协会正式推行CSC9000T时，众多企业避之唯恐不及，会长杜钰洲只能选择10家试点。这之中，唯独真维斯是主动报名的，杨勋说：“我知道这个体系对工作有帮助，就参与了。”

然而，当杨勋在公司宣布实行CSC9000T时，“全部的人都愣了”。有人说：“老板，你搞CSC9000T要花钱，这笔投入看起来又不能提高收入，相反还会加大成本呢！”杨勋说：“不要光看成本，你们观察国内外企业与社会发展，‘增进员工福利’是企业成长大势所趋啊。而到底CSC9000T有没有用，不尝试怎么知道？”真维斯为此投入了389万元，杨勋也相应提出了4个目标：收入提高，工作时间减少，保持产量，效益增加。

表面看，4个目标中，工作时间与产量成正比，时间减少，产量则降低；而工人开支成本与企业效益成反比，前者比重越大，后者收益越小。目标间的矛盾看似不可调和，但杨勋认为：提高员工福利与增加成本间，并非绝对的正比关系。矛盾的两个因素，其实可以通过CSC9000T解决，简单说就是单位时间内，固定效益最大化。

如何将此付诸实施？首先，整理生产线，理顺流水线，合并工序，删繁就简。

以前，员工工作大多“拖、等、靠”，或者“因为要加班，于是把工作留到后面来做，浪费了正常的工作时间里的生产力”，固定工作时间内效率不高。每天8小时工作制，实际利用也许只有3/4。

其次，“计划”不能走形式主义，要落到纸面上——每年、每个月、每个店的销售目标与销售促进方案预先设定，达到既定目标，即可保证赢利。在此计划推行下，不同部门的员工衔接更顺畅，协同能力更强。因为计划目标的设定不是单个部门的决策，还包括了产品设计、市场部设定SP[①]方案与营销策略，推广部设计促销推广活动等等，可见“目标是整体的”。

加班没有了，店铺员工工作时间减少，相对收入增加，单位小时创造的效益增加了，员工业余生活自己支配，实际上等于福利提高了。

针对实施CSC9000T的各项标准前并无参照的样本，企业“自我评估—初始评估—专项改善—建立体系—顺利复评—体系运行”，分步骤、多层次地实施。终于在2008年1月1日，新《劳动合同法》正式实行之际，真维斯的各项指标完美达标，顺利通过验收，成为落实社会责任的行业先行者。

判断一家公司的好坏，其最大成就不仅是持续的赢利能力，还有经时间沉浮，成为所处社会结构不可或缺的一员。消费者因它的存在感到生活愉悦，员工以在这样的公司工作为荣，其他社会组织乐于接受它的帮助并与之合作……

得益于CSC9000T高效推行，旭日制衣厂生产效率显著提高。2008年月人均产量比CSC9000T推行之前的2006年增长18.11%，月人均工资增长23.85%，月人均加班时间反而下降57.89%。员工归属感明显增强。以前每年春节返厂会有一批员工流失，2008年元宵节后大进制衣厂的返厂率由2007年的86%提升到92%，为历史最高。

① SP：Sales Plan，缩写为SP，销售计划。

而在零售领域，推行CSC9000T社会责任管理体系的第二年(2009年)，一线销售员工工作时间下降13%，工资提升19%，产量提升5%，创利涨了20%。

演讲：不是“作秀”，是分享

2011年夏，杨勋在某大学演讲。与台下学生互动时，有人问他：“您演讲是不是作秀，是不是为企业作宣传？”

杨勋没有正面回答，语态平和地回了一句：“我说的，只是很小一部分；我做的，大家不知道的，其实更多。”企业家校园演讲渐已成风，不过，稍微了解真维斯的品牌史，“作秀”这个问题的答案不言而喻。

这些年杨勋在全国高校进行了超过60场演讲。当面对着一群涉世未深的学生，杨勋演进的内容很少涉及真维斯的产品。不过每次演讲结束，他都会让同事为在场学生准备一份真维斯的小礼物——一个包包，或者一件衣服。如果这都算“作秀”，借杨勋话说，“学生开心，说是，那就是吧”。

他也会尝试着分享多年来信仰赋予自己的力量，用带有参透生命意味的哲理告诫年轻人“常怀慈悲”。而他演讲中提及最多的必然是“穷则独善其身，达则兼善天下”。

杨勋皈依佛教18年，早看透名利，荣辱不惊。作为事业有成的企业家，他常受邀出席颁奖典礼或品牌活动，其中的多数，他要么回绝，要么让活动举办地的口岸同事代表出席。但是，杨勋从未拒绝过高校的邀请。总结他演讲的内容，不难发现，60多场演讲的目的其实在于分享，分享人生经验与智慧，分享生命的大彻与大悟。

从罗汉到菩萨

“一个人要把自己的问题解决，解决了就是罗汉；有能力帮别人的，就是菩萨。”杨勋语速不快，沉稳中闪过一些令人深有启发的东西。因为信仰佛教，信仰轮回，他觉得“现在做的工作，就是在‘度众生’”。

有人说，每个企业家都这么想的话，他的压力会很大，杨勋却说“其实我没压力”，因为一切都是尽力而为，不会过于计较结果。学佛以后，他的心态更平和了。

他每天吃素，不抽烟不喝酒，有空的时候就去拜佛，去寺庙布施。他领导的企业，则在草创弱小之际，维持运营，提供产品；发展壮大之后，保持稳定，提供服务，让社会变得更好。

理念简单，目标明确，真维斯给顾客提供的是“物超所值”，为员工提供的则是“踏实、平和”的处世哲学。

对内而言，企业的员工在这里能获得更好的提升与回报，并且认同企业价值观，为了共同理念，一起工作；对外而言，公众因为有这样的企业感到幸福，为自己能分享对方提供的产品与服务、行动方式而感欣慰。这是所有杰出公司的通用思路。然而，这也是很多企业需要破除的迷思——只有极少数企业从诞生第一天起，就拥有改变世界的“伟大构思”。事实上，几乎90%的杰出企业，只是因为“简单的理念、正直的品质”，遭逢时代机遇，一步步成长起来的。

真维斯走过的路，正是如此心态平和。就像那个“报时”与“造钟”的经典案例，拥有杰出才能的报时者，他的理念简单又合理——创造一只能够在其身后依然精准报时的钟表，一直延续下去，不断帮助人们。

如同所有一夜成名的故事，杰出企业似乎是一下子凭空造出来的，其实大多都经过数十年的酝酿。执意追求这种故事的人们，大多孜孜不倦。

超过18年的信佛生涯，杨勋只有一天因生病而没有上班。2008年，他和同事们去西安大雁塔，方丈说他长得像菩萨。到底是什么菩萨？大家七嘴八舌，最后总结为，“不休息菩萨”。因为“他基本上都在工作，有时深夜12点多、1点多还批着文件”。

对杨勋而言，工作是一种修行，外人看来很苦，在他眼中，两者只是境界不同。

惠普公司共同创始人威廉·休利特说：“回顾一生的辛劳，我最自豪的很可能是协助创设一家以价值观、做事方法和成就以及对世界各地企业管理方式产生深远影响的公司。”

杨勋，就有这样的梦想。

一生辛劳，背后的一切，在于将自己的思路和想法，传授于人。授之以鱼，不若授之以渔，杨勋希望自己从“报时者”成为“造钟人”，自己的企业则不断成长，凭借理念与成熟模式，多年之后依然令顾客感到“物超所值”，员工引以为傲。

世间有诸多不确定，但时间的轮回中，真维斯很多信念都是确定的——目标、使命、态度、方式。也许再过许多年，或者更久远，这些东西延续千秋万代，永远不变。

至此，全书告一段落。如果还要问真维斯20年品牌发展内幕，以上的就是所有真相。

品牌经验：商业的另一个目的

JEANSWEST

《论语与算盘》的作者涩泽荣一曾指出商业的另一个目的：“经商不是为个人，而是为社会；这不仅同理想人格没有矛盾，而且还是实现理想人格的最佳途径，正所谓‘公益即私利’，私利能生公益。”

杨勋的“穷则独善其身”是“私利”,“达则兼善天下”则是“公益”:“今天，我不是为自己而工作，因为我不需要钱了。我在为社会，为3万多员工和他们家庭的幸福努力。我们倡导爱人如己，人生价值在于为他人、为众生、为社会。我们举办的一切活动，首先想到的是怎样为国家做些什么。除此，我还能拿什么奉献给国家？”

回馈社会的理想“份额”越来越大，真维斯找到了属于自己的新的阳光、空气和水。而回馈是一个外延很广的命题。

作为负责任的企业，真维斯首先做到将其产品与服务以“物超所值”的形式输送给公众，让他们得到实惠。

真维斯的员工，同样是社会中的一分子，通过真维斯提供的工作，他们不但安身立命，还能得到自我提升，实现个人价值。

真维斯又“兼善天下”，致力于公益事业除了“看得见，摸得着”的物质回馈，还有杨勋的理念分享。不管是企业员工的文化共识、真维斯在行业中的标杆示范，还是作为优秀企业家杨勋新的创业精神，无形的价值理念传播与从商文化，将与成千上万个优秀企业创造的精神财富汇聚到一起，形成强大的商业巨流，把中国的商业环境涤荡得更为自由、透亮。

乔伊特告诉我们，“真正衡量财富的方法，是在一分钱都没有的时候，我们还值多少”。此道理，可以推而广之。

后记

JEANSWEST

我与一个服装品牌的“温泉关”

不知道什么时候开始，我对写作企业传记产生了一种不自觉的抗拒。

我更愿意一个人安静地，带有一丝固执、意气、感性且不厌其烦地从无数历史资料中发现自己感兴趣的线索，将其推导出来，以旁观者的身份去“激荡”一段大商业史。或许我会因此而错过了许多朋友视之为“扬名”的机会，甚至把这些机会“慷慨”地推荐给了同事。

2010年底，《中国青年报》的陶涛电话我：“真维斯在约人写品牌20年的书，我觉得你很合适，不管你写不写，要不先见见企业的人？”

不久，北京东三环的一家火锅店，受蓝狮子企业出版中心主编陆斌委托，我见到了真维斯国际推广部负责该书对接事项的负责人。通过一个多小时的沟通，我发现对比于之前孕育出当今中国首富的企业，还有那个成就A股市场最高股价的酒类品牌，以及那些风头正劲的江浙服装厂商，我与真维斯的感情交集居然要比想象中的多得多。

如果没有记错，我的第一件真维斯T恤应该购于1997年的夏天。

那一年暑假的某个周末，我和父母在成都春熙路的一家百货商场闲逛。路过真维斯专柜，两件短袖T恤58元[①]的醒目价格吸引了我父母的注意。

当时，我们一家人并不认识这个品牌。而对于一个普通工薪家庭的孩子来说，我之前的衣服多是买自荷花市场[②]和社区小店，便宜，但耐穿。大商场，一个洋气的衣服名字，加上绝对能承担的价格，母亲心动了，说："给孩子买两件T恤吧。"

于是父母为我挑选了两件真维斯的T恤和一条39元的短裤。T恤式样简约，米黄和深绿的全色配以左前胸位置的"Jeanswest"绣标；短裤深蓝，抽拉绳式，可以方便地调节腰围。

多年后的今天，我知道了1997年恰好是真维斯处于"市场狂欢"后的低谷期。父母给我买的两件T恤则属于真维斯"基、时、潮"归类中的基本款。不过，我依然模糊记得，当时拎着带有真维斯品牌标志的购物袋，坐在回家的公共汽车上的我，心情和夏天的阳光一样灿烂。

---

① 价格也许有错，但相差不会太大。

② 成都一家批发市场，商品比一般零售店便宜。

4 年后，高中毕业考上大学，我一个人离开父母到武汉。大学期间，我和两个同学经常骑着自行车，或是步行，到离学校两站地的鲁巷广场购物吃饭。在那里，我买了第一条称得上是品牌的皮带，真维斯的，99 元。我们三人买过真维斯的牛仔裤、毛衣和T恤。而我非常喜欢真维斯同样 99 元一件的蓝色V领毛衣，因为自认为穿着"帅气"。我至今觉得性价比最高的一件针织长袖T恤则是在鲁巷广场特卖的花车上淘到的，69 元。大学毕业 6 年过去，当初陪我逃课买衣服的两个"死党"，一个早为人父，为生活奔波；另一个失去联系，久无音讯。

大二寒假，穿着一件 199 元的真维斯毛衣，我随父母到外婆家过年。坐在沙发上看电视时，调皮的表弟恶作剧地将一碗凉粉扣在我身上。以为毛衣就这样毁了，一种单纯如孩子般的难过让我欲哭无泪。父亲走过来，小声安慰说："换下衣服，我赶紧洗，没事的。"在一个冬日午后，卫生间淡淡的灯光下，我蹲在一旁，看着父亲慢慢地搓着毛衣……

卡瓦菲斯在《温泉关》中写道："光荣属于那些一生都在构建和镇守自己温泉关的人们。他们从未背叛自己应做的事业，他们配得上更大的荣耀。"

每个人、每个企业或者每个品牌都有自己的"温泉关"，只不过在这个躁动、激进、快节奏且容易使人得意忘形的商业环境里，真维斯的"温泉关"如同我过去 14 年的人生经历一样，朴素、卑微、渺小，如沧海一粟，却也有着执著、耐心，并充满着人情暖意。

今天，我有了一份在父母看来还算不错的职业，但也因此与他们拉开了空间的距离。我也很少再穿真维斯的服装，但依然会在某个夏天的傍晚，穿着真维斯卡其色的休闲裤和印有胖兔子“粥粥”的达人T恤，散步于小区。这件达人T恤竟偶尔能引来不少的回头率，不禁让我心生“奔三大叔也有春天”的感慨。

那条深色的短裤则还在家里。它随着我从成都到武汉，再到北京。我曾穿着它在武汉的夏天，光着膀子和朋友露天坐在校外的烧烤摊，喝着啤酒；也穿着它“没心没肺没烦恼”地逃课踢球、拍拖和无所事事地在校园里闲逛。

如今，短裤经过无数次的洗涤已然褪色得厉害。

但每当看到它，记忆的镜头总会不自觉地切换到14年前，一个懵懂的少年在新学期第一天，穿着真维斯的T恤和短裤，一蹦一跳地爬上4层教学楼，走进教室的那一瞬间。

行文至此，照例应该感谢，只不过，有些时候是出于习惯，有些时候源自感慨。

书稿确定写作至今，延续一年。其间，在北京与惠州前后见过杨勋先生6次。老板属于那种有气场的人，语速缓慢，有种少见的淡定与平和。多数时候，他都会细心地为我准备一份礼物，一串佛珠、一件古玩琉璃挂件、一袋甘露丸或是一个钥匙坠。

他甚至送过我一本《释迦牟尼佛传》和《般若波罗蜜多心经》。我确曾尝试每日诵读七遍，可惜，终究慧根不够，抑或外界的生活太过嘈杂喧嚣，即便一度熟背心经，依然觉得五神不清，六根不净，心境无法真正沉静与纯净。

刘伟文先生是我抵达惠州的第一位采访对象。

刘先生早年毕业于一所香港名牌大学，后进入当时还名不见经传的真维斯。他与品牌一同成长，从研究者角度，算是一个将个体体验融入企业发展的生动案例。与他交流，具有很强的现场感。他提供的素材和资料，全面而系统，帮助我更快、更准确地寻找和确定写作的思路与方向。

为收集素材，我采访了旭日集团董事兼副总经理、大进投资有限公司总经理张慧仪，“一位语速快、行事干练、敏行的女士”，以及旭日集团副总经理冯亮、旭日集团副总经理鲍仕基、旭日集团副总经理邹庆平、真维斯国际（香港）有限公司董事兼总经理萧志昌、大进投资有限公司董事兼副总经理李仲安和真维斯国际（香港）有限公司董事兼副总经理康荣镇。

其中，与萧志昌先生见面，已是第一次惠州采访行程的后半段。有关真维斯的大致情况，我已了解了大概，因而，与萧先生的交流也跳出了品牌本身。萧先生，香港人，1989 年初次到内地，1993 年加入真维斯。20 余年，他以一个来自商业氛围相对成熟区域的职业经理人的身份感受了内地商业环境的冷暖变故与波诡云谲，亦见证了许多服装品牌的出场、沉浮，甚至谢幕。

不到两个小时的沟通，充实而愉快，这一次应是对我商业意识的再启蒙。倘若未来有机会，还想再听听萧先生对内地商业语境、政策与企业游戏规则的直观印象、了解和判断。

采访中的口岸经理们，来自全国不同地区，包括华北区、华东区、华中区、西南区、华南区、湖南口岸、浙江口岸、西北口岸、河南口岸。他们无一不坦诚、热情而又谦逊。每次采访结束，他们都会为占用我的时间而轻声道谢。这让我颇感不安，我本该为他们提供的那些丰富饱满的故事与案例，表达谢意。

来自各职能部门的总监、副总监与高级经理们，他们专业、勤奋、高效，对于我所提出的菜鸟般好奇的问题，也总能耐心地解答，进一步加深了我对这家企业所秉持的顾客导向服务意识的认识。每次去真维斯的内地总部，我总能得到两司推广部的有心照顾，也免不了麻烦她们协调各位采访对象，并收集、整理和邮寄写作材料。而采访的录音均由国际推广部的同事转为文字，这是一件琐碎、极花精力的事项，非常感谢。

另外，中国纺织工业协会会长杜钰洲、中国青基会秘书长涂猛、河北省青基会理事长侯树林先生、惠州学院杨海涛书记、史义民前院长、采购合作公司代表林长泉、石家庄常宏建筑装饰工程有限公司代表王躍，都为本书提供了翔实的素材资料，一并感谢。

本书写作受杭州蓝狮子文化创意有限公司的陆斌所托。

写作之前，曾在北京东三环威斯汀与吴晓波老师交流。而后，在惠州康帝酒店，吴晓波、郑作时两位老师和蓝狮子图书编辑中心主编王留全又各自提出建议。感谢蓝狮子图书编辑中心副主编卓巧丽、编辑蓝红燕对书稿不止一遍的修改、完善，感谢编辑赵晨毅对这样一个拖沓作者无止境的耐心。

记得莎士比亚在《威尼斯商人》一书里写道：“你的心当是在大海洋上翻腾。那里有张着巨帆的轮船，如同洪波大浪上的豪商巨贾，或者海上的华彩楼阁，当它们挥舞着翅膀飞过时，众小艇弯腰齐致敬。”这是一个创造或成就奇迹的时代，我们生活其中，究竟有多少人曾经内心“翻腾”，在如“滔天巨浪”的命运面前，奔腾入海？

相比之下，我的愿望渺小且谦卑——我只期望多年之后，这本书依然有翻阅的价值，仅此。

附 1　旭日集团业务架构图（2010 年）

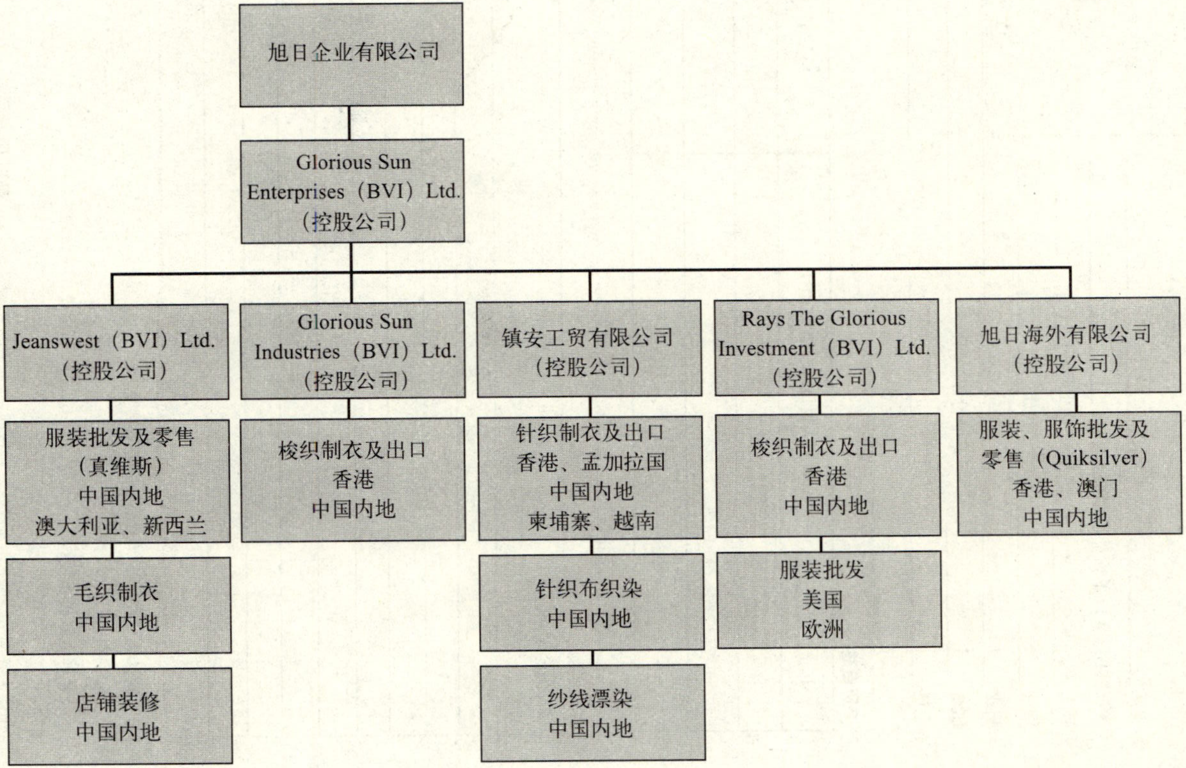

附2　第20届中国真维斯杯休闲装设计大赛参赛申请表

赛区＿＿＿＿＿＿＿ 城市＿＿＿＿＿＿＿＿＿　　照片

所属院校（系）/单位＿＿＿＿＿＿＿＿＿＿

姓名＿＿＿＿＿＿　出生年/月/日＿＿＿＿＿＿

籍贯＿＿＿＿＿＿　民族＿＿＿＿＿＿

职业＿＿＿＿＿＿　通信地址＿＿＿＿＿＿＿＿＿＿

邮编＿＿＿＿＿＿　身份证号码＿＿＿＿＿＿＿＿＿＿

电话＿＿＿＿＿＿　手机＿＿＿＿＿＿　E-mail＿＿＿＿＿＿

简历自述

起止日期	个人履历（学历/工作）	备　注

作品主题：＿＿＿＿＿＿＿＿＿＿＿＿＿＿

设计概念说明：

注：◣此表格需用蓝黑钢笔或签字笔填写。

◣须随此表交2寸彩照一张。

◣此表格复印有效。

申请人签字＿＿＿＿＿＿ **日期**＿＿＿＿＿＿ **受理人**＿＿＿＿＿＿

JEANSWEST
20
YEARS
JEANSWEST
the 20th ANNIVERSARY
20th ANNIVERSARY

两千多年的中国企业史，归根到底是一部政商博弈史！

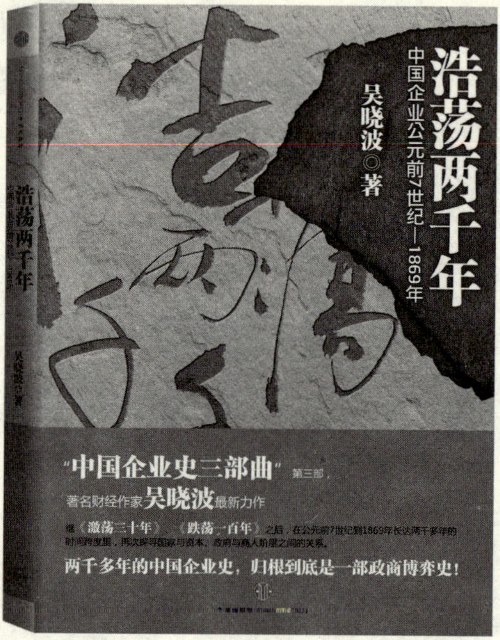

《浩荡两千年——中国企业公元前 7 世纪~1869 年》

吴晓波　著

定价：45.00

ISBN 978-7-5086-3135-6

中信出版社 2011 年 12 月第 1 版

继《激荡三十年》、《跌荡一百年》之后，吴晓波由 1869 年上溯至公元前七世纪，在长达两千年的时间跨度里，再次探寻国家与资本、政府与商人阶层之间的关系。